本研究得到了教育部科技发展中心中国高校产学研创新基金项目资助
（No:2019ITA03027）

智慧校园视域下高校实验室
管理模式创新与实践研究

赵国涛　著

辽宁大学出版社
Liaoning University Press

图书在版编目（CIP）数据

智慧校园视域下高校实验室管理模式创新与实践研究/
赵国涛著. —沈阳：辽宁大学出版社，2022.9
　ISBN 978-7-5698-0874-2

　Ⅰ.①智… Ⅱ.①赵… Ⅲ.①高等学校－实验室管理
－研究 Ⅳ.①G642.423

中国版本图书馆 CIP 数据核字（2022）第 139073 号

智慧校园视域下高校实验室管理模式创新与实践研究
ZHIHUI XIAOYUAN SHIYU XIA GAOXIAO SHIYANSHI GUANLI MOSHI CHUANGXIN YU SHIJIAN YANJIU

出 版 者：辽宁大学出版社有限责任公司
　　　　　　（地址：沈阳市皇姑区崇山中路 66 号　　邮政编码：110036）
印 刷 者：沈阳海世达印务有限公司
发 行 者：辽宁大学出版社有限责任公司
幅面尺寸：170mm×240mm
印　　张：13.75
字　　数：254 千字
出版时间：2022 年 9 月第 1 版
印刷时间：2022 年 9 月第 1 次印刷
责任编辑：郝雪娇
封面设计：韩　实　孙红涛
责任校对：冯　蕾

书　　号：ISBN 978-7-5698-0874-2
定　　价：78.00 元

联系电话：024-86864613
邮购热线：024-86830665
网　　址：http://press.lnu.edu.cn
电子邮件：lnupress@vip.163.com

本书是关于高校实验室管理方面的著作。智慧实验室在本研究中指的是通过物联网技术和现代信息传感设备，为师生提供一个全面的智能感知环境和综合信息服务平台，以在设备互联、信息互联的基础上建立实验教学管理一体化服务平台，实现实验室的智慧化管理。智慧实验室利用物联网技术将现有的实验室仪器设备实现互联，通过智能传感终端采集并整合实验室运行数据信息，将所有实验室数据汇入智能化的综合管理服务平台，实现具有全面感知物理环境、智能化管理与控制、教学过程可视化记录与评价、资源和信息互联共享、师生协作与互动一体化等功能的实验室学习空间和"一站式"的实验室管理服务平台。

智慧校园采用新一代信息技术，以现代化的智能手段推动高校管理服务创新，为培养新时代优秀人才和创新型科研团队提供了智慧服务。智慧校园使广大师生有了一个能全面智能感知的环境和信息综合化服务平台，并加强了个性化的信息定制服务。物联网指的是利用各种信息的传感设备将物体进行联网，通过传感器将物体的基本信息和运行状态进行实时采集，再将物联网和互联网结合起来形成一个大的网络，实现人和物、物和物、物和网络之间的链接，从而有利于管理、识别和控制。智慧校园以物联网技术作为基础，这其中包括了很多基础硬件设备、各种应用服务系统和不同的应用人群。本书首先对智慧校园建设做了详细介绍，涵盖了云计算、大数据等建设过程中运用到的关键技术，其次对高校实验室的管理理论和基于智慧校园的高校实验室的构建做了说明。

高校实验室管理模式可以从各个方面展开。本书从建设项目管理模式、仪器设备管理模式、低值易耗品管理模式、实验教学与考勤管理模式等方面入手介绍高校实验室多元化管理模式，是高校实验室进行多元化管理的具体表现。

高校实验室的信息和数据管理是实验室中的重要组成部分。因此，本书对信息管理与实验室的数据分析做了具体说明。高校实验室信息管理系统平台建设和基于大数据的决策分析系统的建立，以及高校实验室专用数据处理软件技术手段的使用，对智慧实验室的建设都非常重要，本书对此做了详细说明。

在高校实验室建设过程中一定要注重安全管理。本书对高校实验室的安全准入管理、安全检查管理、危险化学品管理、安全监控管理等方面做了系统的介绍。对物联网技术、智能化管理等手段在高校实验室安全管理中的运用也做了特别说明。

高校实验室设备智慧终端的建设充分体现了智慧实验室的创新与科技感，是高校实验室智慧建设的重要组成部分。本书对智能环境监测终端、嵌入式终端、实验室智慧门禁系统等进行了理论与实践的研究，为实验室的智能化建设提出了创新思路。

高校实验室开放共享管理是推动实验建设的未来之路。从资源的利用率来看，实验室的有效开放指的是最大限度地发挥资源效益，开放高校实验室是教学创新的结果，目的是为学生创造一个好的学习空间，并帮助教师完成知识的储备和更新，不断提升教师和学生在教学研究中的自我素质，这也是教师素质得到提升的一种方式。因此，本书首先详细介绍了引入物联网概念后的实验室仪器开放管理模型的架构；其次对智慧实验室的"自助共享"模式做了说明，并且对高校的虚拟仿真实验教学资源的开放共享进行了详细介绍；最后对高校智慧实验室协同创新模式和管理评价机制进行了阐述。

笔者在高校从事实验室建设管理与维护工作17年，根据自身的实践研究经验，结合相关专家、学者的观点，从理论与实践方面提出了客观且具有建设性的意见，以期为相关学科的研究者与从业人员提供学习与参考帮助。本书的撰写耗费了笔者很多的精力，笔者不仅学习到了先进科学的知识，还对智慧实验室的建设有了更深入的认识。在撰写本书的过程中，得到了湖北工程学院鲁定元老师、李洪来老师、徐方老师和丁洁老师的指导与帮助；同时笔者还参考了一些专家、学者的研究成果和著作，在此表示衷心的感谢。由于时间仓促，笔者水平有限，不足和疏漏之处在所难免，恳请广大读者、专家批评指正。

目录
contents

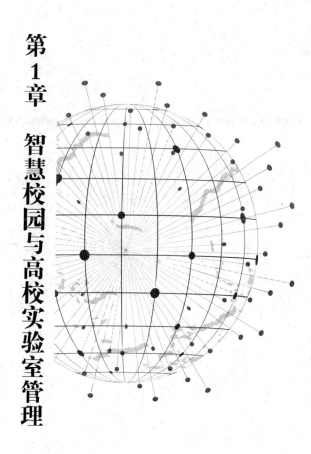

第 1 章　智慧校园与高校实验室管理

1.1 智慧校园建设基础理论

1.1.1 智慧校园建设现状

我国对于智慧校园的探索开始较晚，虽然在科研层面与校园构建层面上有了一定的成果，但是仍然有许多需要完善的地方，需要我们重视。可以说，当前高校管理与服务信息化还存在着困境，主要表现在面向业务条线、事务处理缺乏整合，被业务部门"牵着走"，积累的数据主要来自业务过程，可使用的外部数据极少，迫切需要综合数据分析与利用。学科评估、发展规划、院系二级管理、个人服务都需要精确数据，要进一步统计分析。然而，部分业务没有信息化支撑，缺少这方面的数据；部分业务系统独立运行，形成"信息孤岛"，拿不到数据，个人填写的数据质量不高、数据不全，而又无法强制。数据管理成为当前高校信息化建设面临的一大挑战。

1.1.2 智慧校园的内涵与特征

1.1.2.1 全面的智能感知环境和物联网技术

环境感知是目前关于环境与生物相关科研成果的高科技运用，环境感知技术运用到了很多不同的现代科学技术，包括图形的识别、传感器运用、智能控制等。当下最热门的物联网技术也运用在了智慧校园的建设中，物联网技术是将目标物在传感器的支持下进行自动识别，同时快速高效获得各种相关数据的一种技术，物联网与当代信息互联网的高效融合，能够促进和完善物物相联。

1.1.2.2 网络无缝互通

智慧校园具有网络无缝互通的特性，它能够实现高效传输信息，实时共享信息，通过无线技术、有线技术等，可以真正实现网络间的无缝衔接与互通，能够为当代校园信息传递与共享带来无法比拟的巨大优势，极大地提升了校园办公、管理效率。

1.1.2.3 海量的数据处理能力

智慧校园还具备十分丰富而强大的数据采集、整理、分析、处理系统，并可以利用云技术实现数据的高效处理。

1.1.2.4 泛在的自主学习环境

泛在的自主学习环境就是将学习从校园里解放出来，在网络覆盖的前提下任何时间、地点都可以学习，只需要学生积极主动地进行在线学习，就能够随时随地地享受学习。

1.1.2.5 提倡个性化的信息服务

智慧校园概念的提出是为了满足学生自主学习的需要，使得高校为学生学习提供更加智能、更加先进的信息平台，无论是教师还是学生，都能够通过这个信息平台获取各种自己所需要的信息，实现基于不同角色定位的个性化服务。

智慧校园以人为本、深度融合，包含了智慧决策、平台资源整合、多业务网络、感知与预测、环境融合和开放学习环境等六个方面。智慧决策主要是指大数据与数据挖掘，平台资源整合涉及云计算与语义组织，多业务网络主要指移动互联网技术与应用，感知与预测方面说的是物联网与环境感知，环境融合指社交网络与学习协作，开放学习环境指智慧课堂与未来课堂。个性化服务体现在以下几个方面。

第一，进行深度融合的网络信息平台建设。将校园内的有线网络、无线网络进行全面覆盖，达到局域网络和外围网的连接，更好地进行信息的传递和交流，达到一体化的管理模式，使高校的实验室建设和其他设施设备进行连接，实现远端控制。

第二，教师教学环境的全面感知。这种技术就是运用智能化的感知服务将学生的生活、学习情况通过网络的形式传递给教师，教师可以在大数据智能评价的基础上更加了解学生的情况，并针对个体学生开展一对一的特殊教育，这有利于学生的优势发挥，能够直接帮助学生提高成绩。

第三，通过对管理数据的分析为实验室的管理决策提供依据。智能化的管理可以使学校的实验室管理更加的科学、高效，个性化的信息服务可以对学校中的学生活动、学校组织的各项比赛进行综合评价。智能化的表现是为学校管理带来便捷的服务，这也是体现现代化高校管理的最佳方式。

第四，个性化的服务还体现在处理师生关系上。在进行校园管理过程中，如何融洽地处理教师和学生之间的关系成为重要的教育话题。通过个性化的信息服务，针对每一个学生的特点采取积极主动的应对措施，可以及时有效地防止大学生危害行为的产生；通过大数据的总结，对每个学生的性格、特长和心态进行实时监督，可以及早发现生活中学生的情绪波动和心态变化，可以为每一位学生提供周到、细心的个性化服务。

第五，个性化的信息服务还体现在开放式的学习环境上。学校利用网络资源进行合理配置，在网络覆盖的范围内学生可以实现课上、课下的联合学习，有疑问也可以通过教育平台进行线上答疑。这样大大提高了学习效率，同时也可以将教师和家长从学校环境中解放出来，在网上随时查看学生的学习情况。这种根据每个学生个体所进行的教育更能体现出智慧校园的魅力。

1.1.3　智慧校园建设目标

1.1.3.1　总体目标

智慧校园建设的总体目标就是要在对高校进行全面的信息化研究之后，结合国际上智慧校园建设的总体思路，通过最先进的科学技术发展高校的智慧教学、智慧办公、智慧科研等一系列高精专的校园建设。智慧校园是就高校的整体规划而言的，其将高校的教书、育人两个层次的教学任务结合在一起，并利用现代信息技术手段实现高校学生的自主管理和自我能力提高，为高校学生将来步入社会、成就自己提供崭新的大学教育环境。

1.1.3.2　具体目标

（1）统一标准：建立统一的信息输出、运算标准，这种标准的建立是为了方便高校各个部门之间的信息传递。

（2）资源共享：建立校园内部的资源共享机制，即校园网络连接环境下的职能部门之间进行协作办公，可以共同利用现有的信息资源。这种便利的信息共享方式可以提高高校各个部门的办公效率，同时也方便了高校各个部门之间的信息往来，有助于高校内部的管理。

（3）高效管理：针对高校组织的各项活动进行网络信息化的建设可以提高工作效率，同时也为高校规范管理流程、完善管理制度、创造深度个性化管理提供了信息化的辅助。智慧校园管理水平的提高代表着我国高校的教育提升了一个层次，是对现代化信息技术和互联网技术应用于校园管理的认可。

（4）智慧环境：智慧环境的建设主要是针对现在高校的校园电子信息化

环境的建设。比如，校园内部使用的一卡通、校园植被的智能灌溉、智慧图书馆的建设、智慧实验室的组建等，会利用到物联网感知系统、实验室开放管理平台、智慧校园云端建设、大数据分析等现代科技。

1.1.3.3 近期目标

第一，将网络平台作为服务主体进行重点建设，完善网络硬件系统。第二，建立高校公共数据资源，维护校园网络运行环境，保证智慧校园系统的平稳运行。第三，将高校学生的学习作为重点关注内容，建立以学校教学任务为主要管理对象的信息化交流平台。平台的运行和维护要有专业的人员进行管理。第四，以学生、教师等一人一账号的方式进行登录管理，方便信息的输入和问题的追查。第五，在智慧校园建设过程中要进行深思熟虑，建立以各个功能软件为核心的系统运行程序，包括教务管理系统、实验室管理系统、教学管理系统、图书馆管理系统、高校财务管理系统、学生日常生活管理系统等。第六，进行智慧高校云端教室的建设，维护高校网络教学环境。

1.1.4 智慧校园建设中的"云化"

"云化"是智慧校园建设的关键点，互联网的核心就是"云化"，"云"是机构信息化的高级阶段，把整个系统都搬到"云"上，让机构在"云"上实现互联互通。"云化"可以运用特定技术，使高校内部各种信息被信息系统采集，从而为智慧校园提供信息素材，利于学校持续进行总体规划，根据不同的主体构建个性化应用环境。

1.2 智慧校园建设的关键技术

1.2.1 物联网技术

智慧校园得以实现的基石在于物联网技术，只有充分利用物联网技术，才能够使智慧校园变为现实。这是因为物联网技术包含了各种设备，以及不同设备与应用的结合与衔接。

IoT，即物联网，指运用现代新型技术与设备，对采集人们所需要的信息具有实际帮助的技术的综合。运用物联网，能够使各种实际的事物与虚拟的互联网互相结合，从而形成巨大的、跨领域的网络，让管理者实现对人、物的高效管理。

RFID，中文名为射频识别技术，是发射接收无线电信号，进行目标的锁定和身份识别并对其进行数据分析和特征描述的一种具有较高科学含量的技术。在 20 世纪 40 年代，射频识别技术就开始被人们使用，经过多年的发展，如今的 RFID 已经得到了广泛的关注，并且在各个领域都被人们所熟知。由于其自身的造价成本比较低，使用也方便，因而常被应用在 IoT（物联网）的物体身份识别功能上。

WSN，指无线传感器网络，可以将各个无线网络进行高效连接，在传感器的处理下使不同来源的信息经过处理转变为人们所需要的信息。这种无线传感技术可以在人们对环境的监控和事态运作的预测中起到非常关键的作用。

物联网从技术架构上可以分为三个层次。

第一，感知层。感知层能够针对周边各种环境与不同的场合作出感知。感知层由两部分组成，分别为前端传感器和传感器传输网络。通过这种感知，可以迅速有效地获得关于外界的相关信息，IoT 将互联网技术和智能处理系统（CPU 内核）进行联合应用可以得到数据运算支持，这也是保证尖端技术应用于实际生活的基础。感知层是 IoT 的关键所在，信息采集活动必须经过感知层才能够得以实现。这里可以运用一个恰当的比喻，感知层就相当于人体的表层皮肤，通过触觉探索周边事物与环境，这种探索能够使其进行更高层次的分析，从而获得更多的相关信息。一般情况下，感知层可以运用不同的传感器技术，将重量、温度、湿度、时间、生命体征等情况进行数据传送和转换，从而使人类获得更加精准的数据信息，为各种实际生活中的实验提供参考。

第二，网络传输层。网络传输层比较常用的技术是互联网、有线的网络传输和无线的网络传输。它的主要作用是进行物联网的信息传送，也为整个网络的构建提供路径支持。其中，互联网应用最为广泛，是人们日常生活中不可缺少的传输网络，其通过 IP 地址实现对计算机地址的标识。无线网络一般用于要求短时间内完成建设，同时在基础设施不完善的情况下，其制造与应用周期短、成本低，但有时可靠性与稳定性也比较低。有线网络虽然具有更高的可靠性，但是由于其前期建设需要投入较大成本，需要较长的建设周期，所以应用并不如无线通信广泛。人们应当根据不同情况选择最合适的网络。

第三，应用层。怎样才能真正展现 IoT 所具有的智能性？这一智能性往往表现在应用层。感知层获取的数据可以传送到 CPU，经过智能运算可以得到更多的数据信息，而应用层对同一事件进行联合处理，以此来获得比较全面的信息集合，提出具有辅助性、可供选择的各种建议。

1.2.2 多媒体信息发布技术

1.2.2.1 多媒体信息发布系统介绍

多媒体信息发布技术是将文字、图片、动画、视音频等多种媒体信息进行整合，并借助控制系统进行集中管理、编辑、发布、播放的信息传达技术。多媒体信息发布系统的主要设备包括服务器、控制器、播放器、显示设备等。用户在服务器端完成信息的编辑、整合，并通过网络发送给显示终端，再由显示终端组合各类媒体信息，在显示屏的不同区域播放指定内容。服务器通过网络对整个区域内的所有终端设备进行集中控制。该技术使得信息发布更为准确、快捷，覆盖面更广，受众关注度更高，传达效果更好；同时还节省了大量的人力、物力成本和耗材损耗。多媒体发布技术被广泛应用于政府、企业、医院、交通、社区等多种公共环境。

多媒体信息发布系统具有不同的组成部分，一般分为三种，分别为中心控制系统、终端显示系统、网络平台。其中，中心控制系统以控制软件的手段来完成其各项任务与功能，能够对所要播放的各种内容进行编辑、审核、发布，还能够统一管理其他终端显示设备。终端显示系统由媒体播放机、视音频传输器、视音频中继器、显示终端等部分构成，媒体播放机接收服务器所发送出的多媒体信息，再运用 VGA 把图像展现在显示终端。网络平台是中心控制系统和终端显示系统间的信息传递桥梁，可视具体环境，通过有线网络或无线网络实现。

1.2.2.2 多媒体信息发布技术主要功能

多媒体发布系统主要实现了以下功能。

第一，由于高校内部的责任分工不同，各有侧重，因而其终端连接也比较复杂，需要多媒体信息技术的支持，在一定的时间范围内可以表现出各个终端的信息变化和传递。

第二，多媒体信息发布系统的建立首先要将各个终端所代表的部门进行区域划分，这种有区别的责任划分可以使信息的传递更为清晰，也节省了运行成本，体现出了不同部门、不同领域之间的媒体化的具体内容。

第三，可对各显示区域的版面大小与版式等进行个性化、自主化的设置与更改。

第四，可以进行各种直播，包括电视直播、网络直播、课堂直播等，能够实现一对多的实时信息传输。

第五，多媒体信息发布技术的运用可在很大程度上节约时间，在对信息进行整理之后可以很快地得到播放的具体内容，实现信息来源的具体化。

第六，可对发布的内容进行管理、预览和编辑。

1.2.2.3 技术方案

系统播放终端和中央控制系统所应用的是 uClinux 操作系统。该系统支持WMV9 视频压缩标准，以及 DVI、VGA、S-Video、AV 等多种输出方式，可使播放终端画质更稳定、清晰。系统再运用网络技术，巧妙地把中央控制系统与终端播放设备连接起来，对广告内容进行加工，最后发送给系统内的各个终端播放设备，从而使得较大范围内的多个视频播放终端可以同时播放。

中央控制系统可以对终端文件进行监控和筛选，这种过滤功能省去了人工操作的时间，从而缩短了工作时长，也使电子软件的清理工作得到了较好的保障。这种方法还可以有效地抵制不良信息的传播，规避网络病毒的侵害。中央控制系统的有效工作可以提供一系列的可靠数据，经过对这些数据的分析和掌握，可以对连接的设备进行故障分析，从而快捷、方便地检测到问题的根源，排除隐患。

1.2.3　Web3D 技术

Web3D 又称虚拟三维，是虚拟现实技术的一种。它是利用 3D 互联网平台，依靠软件技术实现真实世界中有形的物品通过互联网进行虚拟的三维立体展示并可互动浏览操作的一种虚拟现实技术。与虚拟现实（Virtual Reality，VR）以数据头盔或传感手套等一系列昂贵的传感辅助设施来实现虚拟现实的手段相比，Web3D 技术是以软件技术实现虚拟现实，以较低的成本获得一定程度的虚拟现实体验。而相对于目前网络上的图片、FLASH、三维动画的展示方式来说，Web3D 技术给予了用户更强的自主感和互动性，用户可以以自己的视角进行浏览并进行互动操作。Web3D 因为其独特的技术优势，近年来被广泛地应用在商品展示、过程模拟、城市规划、虚拟展馆、教育娱乐等领域。

1.2.4　校园 VI 视觉识别系统

在对高校进行智慧校园建设的过程中要充分利用 VI 视觉识别系统，将系统中的 VI 手册、智慧校园标志、智慧校园网等功能充分地展示。这也是智慧校园与普通校园的不同之处，是智慧校园的特色所在。VI 识别系统设计，一方面，可以把智慧校园文化这种抽象范畴转变成更加具体、实际、可见的视觉符号，成为独特的对外宣传标志，广泛用于校园内的各个组成要素之中，彰显智慧校园的特性，构成具有较强视觉效果与视觉冲击的形象；另一方面，充分体现了智慧校园的建设理念、概念模型、主要功能、系统架构的内涵。

1.2.5　虚拟校园交互式展示系统

该项系统集合多种信息化技术，包括 Web3D 技术、三维动画技术等，能够生动形象地展现校园的实际地形与特色建筑。参观者通过计算机登录学校网站即可浏览校园的整体布局，甚至精细到实验室内部的楼层分布。同时，人们还能够变化导览方式，如动画方式、步行方式、鸟瞰方式等，从而对校园实现 360 度无死角的观赏，形成全面的认识体系。虚拟交互式展示系统可以为智慧校园的建设增加安全保障，通过对校园消防措施的 24 小时监控，可以为校园环境保驾护航，能够为校园环境的和谐提供技术支持。在管理者利用物联网技术、交互式展示系统、智慧校园 VI 视觉识别系统、多媒体信息发布技术、Web3D 技术等相结合的条件下，高校的智能化程度将会迈上一个前所未有的台阶。

1.2.6　信息主动推送技术

信息主动推送服务，英文为"Information Push Services"，简称 IPS，指在信息化的网络大环境中，通过互联网建立数据库，将各种信息进行汇总分析，实现用户的个性化特征描述。这种通过媒介的方式来传递信息的技术就是信息主动推送技术。

信息主动推送技术的优点有三个：高效性，在收到信息之后使用者可以第一时间作出反馈，这种缩短用时的操作能够提高数据传输速度；专业性，IPS 能够满足不同客户的需求，对于高校内部不同部门的各种要求可以一一进行解释，应付自如；智能性，IPS 可以对数据进行深入分析和挖掘利用，进而对信息做到自动化精准对标，大大提升了数据识别上的智能程度。

如今，伴随科学技术水平不断提高，我国高校也步入了信息化的行列，其信息水平不断攀升，与 21 世纪之前不可同日而语。多种信息化技术进入人们的视野，极大丰富了高校的管理方式，提升了高校的管理效率。例如，信息化身份识别与身份认证技术、数据共享技术等。

信息推送服务还需要具备合理化、规范化的消息报文结构。消息报文就是将经过系统处理的信息发送给客户进行下一步的操作。IPS 当中的消息报文主要包括接收消息、消息来源确认、消息主要内容等几个方面。其中，消息来源指消息的出处，即消息所来自的地方；接收方是收到消息的主体，定义用户的部分相关信息，而用户又根据其所处位置分为校内和校外两种类别，其身份则包括教师、学生、管理者等；消息主要内容分为四个模块，分别是文本模块、超链接模块、图形模块、附件模块。通过对消息的时效性分析、重要程度分析和传播范围的分析可以确定消息的来源是否可靠。将接收到的消息进行重要程度的划分，可以分为重要消息和普通消息；根据时效性不同也能够区分成急办信息与一般信息两种；根据其传播的区域与范围，则能够区分成内部范围与公共范围两种级别。在具体操作中，同样的消息一般可以具有多重属性。例如，重要内部通知具有复合型的信息分类特征。为了方便用户的信息读取，消息报文也同时增加了其特殊的功能。通过不同的传播方式来进行信息的传送。比如，Web 广播、手机短信、WAP 广播、IM 实时通信。

高校信息推送服务是高校信息管理中的重要技术，其主要由三部分组成，分别是表达层、数据服务层、数据包封装层。表达层主要是对信息进行校准和推送管理，包括用户的评价反馈提交。数据服务层可以分析用户的相关信息，为用户提供有用信息点的连接。数据包封装层主要是用于信息的接收、传递过程，这样有利于数据的整理和报送。三个层次的交互数据传递，可以对信息推送服务起到协调合作的功能，从而实现整个系统的良性运转。

"互联网 +" 智慧校园的信息推送系统应当遵循以下几点原则。

第一，信息推送系统可以实现信息的多样化处理，可以完成信息传递的基本任务，可以进行信息筛选和划分，还可以根据不同用户的理念和兴趣进行信息的有效筛选和推送，保证信息的有效利用和资源的优化，从而使系统得到充实和完善。

第二，选择不同的传播方式为大众的需求提供帮助。例如，系统运用实时通信手段、手机短信、广播宣传等向用户提供可靠的消息。

第三，信息推送还应当构建用户灵活订阅服务新机制。在推送各种信息的同时，要极力避免垃圾信息，以及用户所选方案的无用信息对用户带来的不良影响，推送应当经过用户本人真正的授权才能开始进行。

第四，信息推送服务应从制度和技术上为用户的个人隐私提供双重保护。信息推送平台分为身份认证识别平台和数据共享平台，这两个平台共同为推送服务提供其所需要的各种数据。但是，由于系统所推送的信息常常包含用户自身的私密消息，所以系统的设计应当作出适当改变，要为用户隐私提供更强有力的保护，以确保用户隐私不被泄露。

1.2.7　应用无缝集成技术

我国多数高校已经在信息化的浪潮下，开始逐渐应用信息化技术进行高校的信息化管理。一方面，各大高校广泛引入国外先进技术，对之前的信息管理与传输技术进行升级与转变；另一方面，高校自身也进行相关研究，对不足之处进行分析，邀请相关领域专家、学者共同商讨和研究信息化技术，并已经小有成绩。

然而，许多高校还存在缺乏整体规划等现实问题，致使很多应用服务"自成一派"，虽然它们都具有一定的特性，都能够产生一定的效用，但是无法实现真正的、共通的协同协作，这就需要无缝集成技术。该技术能够在之前互不相干的系统之间架起桥梁，可以整合难以互相协作的业务流程，消除"信息孤岛"，从而真正提高数据资源的利用率，提升办公与管理效率。

智慧校园服务平台运用 HTML5 与 SOA 框架提供的应用集成方案便能够做到无缝集成，建构更加开放、更加标准的应用程序接口与应用集成规范，可以快速便利地将校园应用通过服务的形式展现给移动客户端。同时，还可以在集成框架中加入许多之前从未出现的全新应用服务。运用应用集成这一方式，对校园服务相关各项应用进行整理与合并，能够改变此前的应用关系，让各个系统间的联系更加紧密、清晰，也使其关系更加可控，从而极大地提升高校管理工作效率，以及提高学生的学习质量。

1.3　"互联网＋"智慧校园的建设

1.3.1　云计算

云计算是互联网技术发展到一定阶段的产物，通过科学高效的计算方式将远程服务和多种运算技术相结合，获得网络覆盖范围内的数据信息，从而帮助更多的领域进行综合分析。第一，把众多计算机整理合并成具备超级计算与庞大存储能力的全新系统；第二，以基础设施实现运营，使得用户群体一方面能够节省费用，另一方面还能够实现设备间数据共享。云计算最根本的目标是对各种网络资源进行整合与汇聚，从而结合成为现代化的计算资源池，再对其完成集中性的调度与管理，同时还要根据不同用户的自身特性以及其差异化的需求，提供更具针对性、更加高效的服务。

学者一般把能够为用户提供相应资料的现代化系统称为"云"，用以支撑"云"正常运转并进行革新与提升的技术则被称为云技术。云技术使 IT 资源建设具有诸多优势，能够使用户群体极大地节约投资费用，还能让用户不受空间和时间限制地使用云平台和云计算服务。人们通常将云计算划分为三个部分，分别是云计算服务设备、云计算服务软件和云计算服务平台。云服务和云计算在现代社会已经逐渐成为学术界的热词，发挥着越来越重要的作用，展现着越来越大的影响力。例如，Google、IBM、Amazon 等都致力于云计算的研究与开发利用。

另外，云计算平台为智慧校园提供了现代化的数据处理服务中心，以智慧校园的网络环境为基础，运用计算机网络技术、大数据技术、虚拟化技术和现代化信息技术对服务器资源进行创新，将各种校园应用系统的数据整体融合导入云服务器的资源库，利用智慧校园向各类用户提供云计算平台服务。云计算平台通常可以划分为三部分，分别为平台基础设施服务、软件平台服务和云计算平台服务。其中，基础性的设施就是指服务器、网络系统、存储系统，智慧校园利用云计算平台为学校各个部门的应用系统提供虚拟服务器资源和云服务器的综合应用等；智慧校园云平台的任务则主要包括云服务应用的认证、授权和数据管理等，智慧校园的信息化系统主要体现在软件服务上，云平台服务系统主要由数据库、中间件和开发平台组成。云计算能够给智慧校园提供强有力的技术支持，主要的技术如下。

1.3.1.1　虚拟化

以虚拟的云计算为基础进行的现有资源的配置就是虚拟化技术。应用这种技术可以节约资源，通过虚拟构建来展现计算机的运算能力，为高校的智慧校园建设提供一种预判，为现代化智能实验室的开发提供技术预测。

1.3.1.2　分布式文件系统

海量数据的存储是通过分布式的数据库实现的，DFS（分布式文件系统）的设计初衷是服务于局域网络，现在将该技术运用于高校范围内的智能大数据上，可以为高校智能建设节约开发成本，同时利于数据的管理和整合，加强了数据的安全性。

DFS 的具体优势表现在三个方面，分别是只读性共享功能、受控写操作功能、并发写操作功能。只读性共享功能就是为了避免数据文件被篡改而设计的只可以访问而无法变更的功能。受控写操作功能就是对文件进行了受控设置，专人拥有修改权，其他人无法更改。并发写操作功能就是在某个特定时间内可以实现多人的共同操作，进行数据的共享和修改，这种功能可以实现多用户的同时登录和数据文件的众人监督。

1.3.1.3 并行计算

并行计算技术并不复杂，这种计算就是将多台计算机的计算能力进行功能性的叠加，从而使当下的计算机拥有了翻倍的计算能力，可大大提高运算的速度和准确性。

1.3.1.4 云服务平台架构

云计算提供三个层次的递进式服务。第一层主要是基础设施层（IaaS 服务）。云计算所需的硬件设备就是基础，也是必要的设备投入。第二层是平台层（PaaS 服务）。通过对云计算平台的开发和利用，使基础层和应用层进行连接。第三层是应用层（SaaS 服务）。软件就是服务，是云平台和用户进行联系的一种方式，将后台的数据分析转变为用户可视化的结果。三个层次的表达，如表 1-1 所示。

表1-1　云架构层次

传统 IT 架构	第三层	应用层：软件即服务（Software as a Service）
	第二层	平台层：平台即服务（Platform as a Service）
	第一层	基础设施层：基础设施即服务（Infrastructure as a Service）

1.3.2　大数据

1.3.2.1 何为大数据

随着科学技术的进步，大数据时代到来，大数据为当代教育提供了一种崭新的教学方式与教学平台，与之前传统的教学方式完全不同，它赋予了教育更多活力，发掘出了教育本身的潜力，使教育有了更加开阔的发展前景。

大数据，指数据体量庞大，具有极大的储存空间，大到根本无法运用常规的处理技术进行管理。大数据技术的整体过程分为若干阶段，如采集、挖掘、存储等部分，将大数据与物联网相结合，实现二者的优势互补，以产生更大的智能效果。

大数据技术包括大数据分析、云数据库技术、内存数据库和数据安全等内容。大数据分析就是要对繁多的数据资源进行数据深度分析、统计，以规划整合和有效利用数据。云数据库技术，指的是在大数据的基础上所建立起来的运算技术，它给数据的计算和存储指明了道路，解决了存储的问题。而内存数据库有利于提高数据的处理、存储效率。数据安全问题往往易被忽视，而为了解决这个问题，通常采用数据的迁移、异地容灾和双机容错等方式。

高校大数据一般数量很大且具有一定的价值，师生在校生命周期的过程中会形成大量数据。这些数据就是海量数据的来源，其不但包括很多常务管理中的数据，如教学、人事、财务等数据，而且包括很多非结构化的数据，如媒体教学资源等。这些数据是通过服务和管理而形成的。

大数据的"大"体现在数量上，将繁多的数据资源和大量的信息进行集中不是一件容易的事情，最重要的是要具有能够容纳数量如此庞大的资源的内部存储空间。大数据所需的存储一般都在 10TB 以上，因为这种数据存储能力是前所未有的，因而该技术也就具有了崭新的应用价值。首先，大数据处理信息的优势在于数据级别的升级，从 TB 级别上升到 PB 级别。其次，数据类型的多样化，不同的来源和信息种类决定了如此多的数据拥有不同的种类。再次，数据价值的密度很小，这种密度的缩小也就意味着有效信息的增多，视频资源中的一两秒数据信息都是具有利用价值的。最后，数据处理的速度提高，在大数据进行深度挖掘的过程中一定要省时省力，这就要求在各种技术综合应用的前提下数据的分析和处理一定要迅速。

1.3.2.2 高校大数据的应用

数据采集是大数据应用汇总最基本的一个环节，后面的分析、集成、管理等都是在数据采集的基础上建立起来的。由此，应当大力完善大数据相关的各项工作，建构更加完善化、体系化的数据采集系统。

数据采集系统一般分为硬件与软件，硬件是分布在校园的传感器，传感器所采集的数据有上机记录、阅览记录、借阅记录、视频监控等内容；软件是各种虚拟化的程序与软件，如表 1-2 所示。

表1-2 数据采集系统

数据采集系统	
硬件采集	软件采集
计算机房 大型设备仪器 刷卡 POS 机 摄像头 ……	虚拟化软件 业务系统 应用平台 监控系统 ……

1.3.2.3 大数据分析

大数据分析主要表现在五个基本方面，具体如表1-3 所示。

表1-3 大数据分析的五个基本方面

大数据分析的五个基本方面	可视化分析	大数据应用于各行各业，因而界面需要操作简单、快速，这就要求对大数据进行可视化分析，通过内部数据的转换，呈现在用户面前的效果应当如同智能选择般简单方便
	数据挖掘算法	大数据的分析是建立在完善的数据挖掘算法的基础上的，这种科学合理的数据分析要求深入到数据的内部，进行快速的数据处理，从而可以使运算的结果很快地呈现在用户面前
	预测性分析能力	预测性分析是大数据分析的重要方面，也是在众多数据支持下进行推算得出的理论参考，具有现实价值，可以对将来的事态演变作出推论，有理有据，可信度高
	语义引擎	大数据分析广泛应用于网络数据挖掘，可从用户检查关键词、标签关键词或其他输入语义分析、判断用户需求，从而实现更好的用户体验和广告匹配
	数据质量和数据管理	高质量的数据管理就是要针对不同的行业进行应用层面上的数据支持，深入透彻的数据分析可以使数据管理的水平得到提高，也为数据的结果和价值能够得到更好的体现提供服务

1.3.2.4 大数据技术阐述

大数据技术的研发主要是为了使信息得到更加合理有效的利用，通过采用相应的开发平台和开发工具使信息得到系统的分析和总结，对相关领域进行开发和应用，而且能通过处理海量数据来实现突破性的发展。大数据技术主要的工作步骤是通过数据采集、数据存取、数据处理、数据挖掘进行数据的统计分析，从而得出数据模型预测，组建数据资源的基础架构，使最终结果得以呈现。

数据采集就是通过数据采集工具对存储的平面数据文件和关系数据文件进行详细的汇总。这种数据上的清理、转化和集成都需要数据采集工具的参与，主要是把平面数据文件、关系数据等异构数据源中的数据抽取到临时中间层，进行转换、清洗、集成，最后进行数据的数据库加载或数据集上的加载，这是挖掘数据、实行联机分析处理中最基本的部分。

1.3.3　以"云网端"为核心，形成"互联网＋校园"新技术形态

"互联网＋"所依靠的新基础设施是由三部分组成的："云网端"。"云"指的是云计算，大数据基础设施。商业模式的创新、生产率的提升，都建立在数据的利用基础上，而大数据基础设施、云计算等则给用户提供了低成本、便捷之门，方便计算资源的累积。"网"不单包括互联网，还包括物联网，是网络承载能力得到提高、新价值不断被挖掘的体现。"端"指的是用户直接接触的移动设备、个人电脑、可穿戴的设备、传感器和以软件形式存在的应用等。"端"是数据的来源，也是提供服务的界面。

要实现从"IT"（信息技术）到"DT"（数据处理技术）的转变，就要从"云""网""端"三方面进行努力，来共同组成新技术的形态。其中，"云"是指云计算、大数据，它不但给"互联网＋"提供了数据、内容的存储空间，还针对这些内容和数据的计算、服务能力，建立了在数据基础上的整体模型，这些模型能够真实反映数据的构建形态。"网"是指各种网络的延伸、关联和拓展等，如物联网、互联网等。这可以说是"云"和"端"间的渠道，它连接了人和人、人和物、物和物，让交互成为可能。"端"指的是各种终端，不但包括移动设备，如智能手机、平板电脑等，而且包括传统的桌面设备。这些"端"让数据、信息能够因为时间的不同、地方的不同而以不同的"触手"来和用户实现激活、触及，让用户能够在情境不同的情况下享受个性化的服务。

1.4 高校实验室管理理论基础

1.4.1 高校实验室发展概述

高校实验室是高校培养高素质人才的地方，尤其对于理工科类的人才来说更是如此。而教学方式的改进、科研水平的提高，使得实验教学的重要性逐步加强，特别是在某些学科中更是摆脱了过去辅助理论教学的附属地位。因此，为了提升高校的教学能力，有必要加强实验室的管理能力和建设能力。传统的实验室管理，采用的是以人为主的管理方式，主要是依靠管理人员的长期监督和管理来保证实验教学的正常运转。而随着高校教育普及方式的增多和学生人数的不断增加，过去的传统管理模式已经不能满足这样的要求。

在管理和教学的双重需求的基础上，高校实验室要越来越开放化和智能化。我国高校的实验室，大部分是由实验室设备管理处或学校教务处来进行统一管理的，不但包括设备的招标采购，还包括台账的管理，都引入了信息化系统，有些高校的大型仪器还能共享。但是，在设备的具体使用地点，如学院的实验室、机房等，都只是用记录的方式和人工管理的方式来记录仪器设备的日常维护和损耗的维修，而没有在整体和连贯性上下功夫。

1.4.2 高校实验室管理内涵

高校的实验室管理在高校的实验教学中占有很大的比重，其所发挥的作用也越来越大，但是每个高校实验室的水平不一，在管理制度上也各不相同，因而逐渐形成了具有各自特色的管理理念和管理思想。中国的专家和学者在这方面的研究成果很丰富，本书也在前人研究的基础上，来研究高校实验室管理的实质。

高校的实验室管理在目前的创新形势下，通过各主体的协同发展，来激发实验室管理人员的创新思维，发挥管理的主观能动性，破除旧时的理念和思想，形成具有思想先进、服务理念全面、完成任务及时、主体设计新颖，以及综合的、全新的管理方法，从而有效提升高校的实验教育质量，也有助于实验室的管理与创新。

实验室的管理是一门独立的学科分支，能够指导高校的实验室管理人员进行科学管理和做好行为规范，还能够在管理学的基础上通过高等教育来研究实验室和管理人员的相关教育活动的基本规律，来合理规划人力、物力和财力，做到三者的有序使用，对人力、物力和财力进行严格监督，高效完成实验室的各种工作和任务。

高校的实验室管理和高校的科技研发、教学活动、基础建设及财务管理之间是相互合作、相互影响的关系。同时，各高校的实验室管理也构成了学校实验室运行的制度管理、实验工作人员的管理、实验仪器设备的管理、实验室低值易耗品管理和实验室建设管理的综合管理体系。

随着"互联网+"和信息化的发展，如何利用科学实验室的基础理论，结合计算机的先进技术，来构建信息化的系统管理模式，建立现代化的分布管理体系，以高校实验室作为中心，来有效提高高校实验室的效率，降低实验室的人、财、物成本，成为提高高校实验室管理的重要组成部分。

随着实验教学在教育教学中地位的提升，高校的实验室管理和运作机制也呈现出各自的特点，实验室的管理大都以服务师生为基础，以规范学校管理为标准，以学习创新为动力，最终实现实验室的协调工作。这不但提升了实验室的管理效果，还让实验室的服务水准得到了提升。

1.4.3 高校实验室管理方式

从一般意义上来讲，高校实验室的管理通常指的是教学和科研实验室中各类仪器设备的管理，主要含有实验室低值易耗品管理、实验仪器设备管理、实验室工作人员管理和实验室的安全管理等。随着国家对高等学校教学以及科研平台建设的资金投入力度逐年增加，高校实验室的管理模式也随之进行了创新，主要包含实验室管理的规范化、科学化和安全化等方面的创新。实验室创新管理对实验室管理人员提出了更高的要求，要求实验室工作人员在实验过程中不断发现问题和解决问题，使实验室的管理质量和管理效率得到大幅度的提高，确保实验室能够安全有效地运作。而实验室的规范化、有序化，能保证实验室的教学安全有序地运作，同时也为实验室培养了相关的科研人员。[①]

1.4.3.1 制定规范化的实验室管理制度，确保有规可查

制定规范化的高校实验室管理规章制度，是高校实验室稳定、正常运转的先决条件。无论实验室的硬件设施如何完善，如果缺乏有效的管理制度，都

---

① 谢为群，施利毅.高校科研管理工作中目标管理体系建设初探：以上海大学试行全系统目标管理为例[J].研究与发展管理，2014，26（5）：129-133.

难以发挥其作用。因此，建立和完善实验室规章制度是实验室有效管理的前提。实验室管理规章制度应包括仪器设备、药品、试剂、安全和实验环境等方面的规章制度，同时还应包括实验室对外合作开放管理制度和实验室工作人员的引进与培训制度。在制定实验室管理制度的过程中，很多问题是在实验室管理中才可能出现的，因此实验室管理制度必须与实验室自身相结合，在运行过程中不断完善实验室管理规范和相关制度，促进实验室人员和学生实验活动的规范化，使他们遵守纪律，提高实验效率，为教师和学生提供良好的实验教学和研究环境。[①]

1.4.3.2 强化高校实验室设备管理，使仪器设备发挥最大效用

高校教学与科研实验室的设备管理，主要是对教学实验室和科研实验室中所有购置的实验仪器设备进行常规化的日常运行管理，包括实验室仪器设备的保养、维修、运行护理、报废、设备更新以及购置新设备等。高校实验室的日常管理应遵循"管而不死，用而不乱"的基本管理原则。高校实验室的设备管理要按照分类原则进行，可以按照实验室的功能进行分类组合，将同一功能的仪器设备按照实验功能属性归类到同一实验室。闲置设备和老旧设备要定期清理，达到报废年限的要及时进行设备报废流程的申报。所有实验仪器设备要按照实验室建设规范，按照标准布局进行有条理的摆放，每台设备都应该在醒目位置张贴带有 ID 的设备标签，并做到仪器设备账、卡、物一致。针对实验室仪器设备的运行情况，要进行定期的维护保养，对设备故障早发现、早处理，将故障消除在萌芽状态中；特别是贵重仪器设备应该定期联系生产厂家进行保养维护，力争使所有实验仪器设备达到最佳运行效率。

1.4.3.3 强化实验室安全责任，对安全风险点进行重点管控

高校实验室的安全是学校教学运行中的重中之重，实验室安全的弦必须时刻紧绷着，来不得半点松懈。实验室安全风险点主要涉及水、电、气、易燃易爆、危化品、压力容器等，针对有风险的实验室要进行重点管控，安全责任落实到人，实行校、院、实验室三级管理模式。必须每日对管控实验室进行巡查，学院安全领导小组必须每周对实验室进行风险点的拉网式排查，并组织安全专家组定期对实验室进行安全督查。有安全风险点的实验室进行实验时要做到全程有实验室安全管理专人监督指导，要进行实验台账的记录，做到有据可查。对有危化品的实验要规范试剂药品的使用和采购流程，由实验教师提出申

---

① 高杭.大学章程的法律效力及其发挥[J].国家教育行政学院学报，2014（12）：31-34.

请，实验室主任进行审核，再交给专人负责采购，采购的危化品由专人按照危化品国家标准进行储存；要采用严格的使用流程使用危化品，在实验中要详细记录药品的领取数量、使用数量和剩余数量，整个实验过程由实验室工作人员现场全程监督，并做好危化品数量的使用详细记录；完成实验后要对实验产生的有害产物进行无害化处理，将实验室安全理念贯穿到每个实验者心中，做到实验室安全人人有责。

1.4.3.4 增强实验技术人员和实验者的综合素质

高校实验室是进行专业课程实验教学和科学研究的重要场所，也是学校培养创新型、应用型人才的重要基地。实验室建设中就包括实验技术人员的建设。实验技术人员是高校实验室的一线管理者，也是教学科研实验的具体执行者，实验技术人员的综合素质直接影响学校培养的创新型、应用型人才的质量。实验技术人员要有很高的实验专业技术水平，对各类实验仪器设备能非常熟练地操作，对各类设备故障能快速地维修和处理。这就对实验技术人员的专业技术水平提出了较高的要求，他们不仅要会做实验，还要懂得实验原理，能熟练解决设备故障。随着实验仪器设备的更新换代，各类新技术新设备对实验技术人员的能力提出了新的挑战。这就需要实验技术人员不断学习，定期参加相关技术培训，参加各类实验技术的专业进修和学术会议，通过学习先进的技术和理念更好地服务实验室建设。实验者主要指学生和有科研任务的教师，刚进入实验室的实验者大都对实验仪器和实验流程不是很了解，这就需要实验室工作人员对他们进行实验前的业务培训，详细介绍仪器的使用方法、实验流程和仪器设备规范化的操作流程，让实验者在实验指导教师的带领下快速地进入实验状态，让大家在实验室能非常和谐地进行实验教学和实验研究。

1.4.3.5 利用信息化管理平台实现实验室的高效管理

高校实验室管理涉及资产管理、人员管理、耗材管理、设备维修管理、实验课程管理、安全管理等多个方面。如果采用传统的人工手写的填表和登记方式进行各项管理工作，将耗费大量的人力、物力和财力，实验专业技术人员本来工作就很繁杂，大量时间花在了实验室数据收集整理上面，无疑就加大了他们的工作负荷，必将影响实验室管理的整体效率。随着信息技术和网络技术的高速发展，各高校已经开始将计算机软件开发的实验室管理信息系统引入高校实验室建设中来，利用网络信息技术实现实验室管理的网络化、无纸化。教师和学生可以通过实验室预约平台随时申请课程实验，实验室管理人员随时通过信息平台查询实验室仪器设备的运行状态，通过实验室网络化管理平台使实验室各项管理实现信息化集成，使实验室的各类数据透明化、集成化、科学化，使实验室更加高效地服务教学、服务师生。①

1.5 基于智慧校园的实验室构建

1.5.1 智慧型实验室的构建

当进行智慧型实验室项目建设时，要通过互联网平台满足相关的实验课程要求，还要让教师和学生有教学科研的活动场地，实现校内的资源共享。实验室的建设主要分为三大块：一是网络和实验室设备实行智能化改造；二是建设智慧型的实验管理平台，以平台连接网络层和应用层；三是平台上的各种功能应用的开发，如智能安全监控系统、智能排课体系、虚拟云桌面、智能电力系统等。

1.5.1.1 基础设施层的建设

基础设施层的建设主要是指进行网络布线，也就是互联网网络形式的开发和建立。对高校内部实验室进行改造，可以获得一种高效完善的网络系统，让用户的数据传送和上网体验达到最优化，包括基础接入层、网络数据汇聚层和重要核心层。在基础接入层对网络进行的基本设施的建设，体现出智慧实验室网络体系的基本构建思路。将资源信息进行合理分布与共享，可以使高校实验室的信息化系统得到完善。对高校实验室中的各个仪器设备进行端口的改造，可以更好地连接实验室网络，提高管理的效率。在系统构建的设施基础上进行网络数据的汇集和整理是网络数据汇聚层的功能和作用，旨在通过实验室重要核心层的数据处理功能使高校的智慧实验室得到充分利用，使资源得以有效开发，可以大大提高实验室设备的综合运用效率。

1.5.1.2 平台应用层的构建

平台应用层的构建是以虚拟仿真教学平台的构建和管理平台的构建为主要内容的。一是虚拟仿真教学平台的构建，即通过对网上的财务审计、物流

---

① 刘敢新.基于高校科技资源共享的青少年科技创新能力培养途径研究 [J].研究与发展管理，2014，26（2）：133-138.

仿真实验、基础教学实验等具体的课程进行虚拟技术的设计,从而实现系统一体化开发,同时也为教学提供一种全新的活动模式,更加有利于教学任务的开展。二是管理平台,其形成一个综合性智慧管理系统,包括设备的管理、课程的安排和数据的管理等,其作用是进行智能监控、智能排课、智慧电力监控等。

1.5.1.3 具体应用功能的开发

建立智能化的电力系统改造实验室的电路设备,也是为智慧实验室进行电路安全方面的设计,可以避免实验室受到雷电环境的影响,同时也缩减了复杂、冗余的电路消耗,对智慧实验室中的人员可以起到一定的保护作用。实验室的温湿度是要求比较高的关注点。因此,智能化的温控系统的开发就给实验室的温湿度管理带来了新的改革。这项自动化的管理模式可以节省很多的人力成本,在无人值守的情况下,通过智能感应系统,实验室可以自行调节内部环境,保证实验的顺利进行。在智能预约开放系统中,实验室的实验安排可以更加有计划,在遵循智能统计的基础上安排实验,更加专业合理。

1.5.2　智慧型实验室的管理制度

加强实验室的管理需要建立一套符合智慧型实验室的管理制度,提高实验室的整体管理质量,提升高校实验室的智慧化程度,在技术层面和制度保障上针对高校的实验室进行改造。同时,从管理制度的角度对智慧实验室进行合理升级,这就为高校智慧型实验室建设提供了管理层面的参考标准。这也说明智慧型实验室的构建不单技术手段要好,而且制度建设也要好,要从技术和管理两方面加强智慧型实验室的建设。比如,在智慧型实验室的建设过程中,制定相关的安全管理制度,对技术起到补充、说明、促进的作用。在智慧实验室和实验室管理人员共同作用下,可以更好地管理高校智慧型实验室。

1.5.3　智慧实验室的层次架构模型和基本功能

智慧实验室层次架构模型采用的是三层结构,类似于物联网,分为感知层、网络层和应用层,具体如图 1–1 所示。

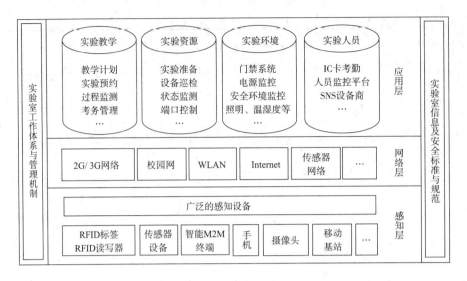

图 1-1　智慧实验室层次架构模型

1.5.3.1 感知层构建

感知层依靠大面积分布在实验室中的感知设备来进行数据信息的采集，并传送给网络层，主要由智能 M2M 终端、RFID 设备和传感器设备组成。其中，RFID 是物联网概念的最主要技术，其应用范围十分广泛，能够在智慧实验室的构建中应用好物流领域所取得的先进经验。感知层的主体是 RFID 读写芯片设备，能有效结合多种传感器设备，形成包括整个实验室在内的感知网络。在现有的感知设备中，RFID 的设备优势较明显，能发挥较大的作用，而 RFID设备又分为高频和低频两种。其中，高频 RFID 设备能够把实验室中的多标签识别技术应用在实验设备的监督管理中，而低频 RFID 设备则主要是进行身份识别、刷卡考勤等。

RFID 设备是以有线、无线两种方式介入实验室网络的，把采集到的基础数据上传到服务器。很多传感器是感知层所不可缺失的一部分，能够感知各种物理变量，如湿度、温度、距离、压力、电流等，智能化的传感器能灵活形成传感网络，一层层传递数据。SIM 模块设计成功后能够被用来作为感知端进入感知层。因为它具有数据存储和串行通信的功能，在智慧实验室中，它能更多地使用消息通知功能，也能用来输入少量的、稳定的数据流。通过辅助传感器型设备——摄像头等多媒体网络终端设备，能让实验室的信息管理立体化、可视化。

1.5.3.2 网络层构建

在物联网中，网络层是中间层，通过无线宽带、互联网和电信骨干网，担负着感知数据的传送、接入和运作等责任。物联网的网络层是在"多网融合"后的骨干网络基础上建立起来的，也可能是各种专网。网络层所涉及的物联网技术包括物联网的节点、物联网的通信、网管技术、物联网的接入和组网技术等。而实验室中的校园网、移动 2G/3G/4G/5G 网络和 WLAN 则是实验室中所搭建的无线传感器网络，这些构成了网络层的主体。各个网络的实体和实体之间相互协调、共同发挥作用。

1.5.3.3 应用层构建

感知层和网络层是为应用层服务的。应用层的很多快捷、方便、智能的服务应用，凸显出了实验室的智慧性。应用层主要是构建一个由多种服务构成的综合性平台，融合资源管理、教学管理和环境监控，并集中统一在这个平台上，形成开放式的实验室系统。通过智慧实验室，能有效实现对实验资源、实验教学、实验环境和实验人员等的集中、可视且高效的管理。学生通过平台，先进行实验预约，查看培训计划，下载学习资源、浏览课程；教师则通过平台进行具体的操作，如排课、过程的监控和考务管理等。实验室的管理员也在平台上掌握好实验室的各种信息资源，如教学设备、设备端口的占用和定期所生成的设备巡检报告等。这些都可以在很大程度上减少实验室管理员的工作量。实验室还要求保持一定的温度和湿度，对安全性要求也相当高，但是在传统模式下，在以人为主的安全管理模式中，实验室管理员很难保证达到上述要求。而智慧实验室平台则可集中这些环境状况，进行可视化的管理模式，便于管理员开展工作。实验室最终是以人为服务对象的，但是在过去，对于人员的管理还不是很到位，这里的人员有学生、教师、设备商、SNS 用户等，对这些人和实验室进行有效管理是智慧实验室平台的管理目标。

智慧实验室系统平台是由管理软件平台、管理硬件平台两部分组成的。

首先，管理软件平台。智慧实验室系统管理的软件平台建设就是要针对实验教学子系统、实验开放子系统、数据采集分析子系统、实验管理子系统进行构建。针对实验室的开放子系统进行各个模块的组建，包括预约流程的设计、实验进程的安排、仪器设备的运转、实验收费标准的制定、实验培训项目进展等。在实验中心门户网站上了解当前仪器设备的使用者是谁，哪些时间段是没有人的，以及现阶段是处于运行、保养、报废还是维修的状态，都能一清二楚。这样就能让实验室处于公平化、透明化的状态，不会随便和人做交易。

进行实验的人员必须是经过培训的。因此，必须对实验人员进行培训管理。由于实验室中有很多价格昂贵的大型仪器，因而要重视对实验人员的培训，实验室管理人员负责制定有效的培训方案，在培训结束后要进行考核，这样才能保证实验人员的培训效果。培训的方式有在线教育、线下演示教学、资料的发放、视频课件的讲授等。实验要进行提前预约，这样可以有效避免排队造成的时间浪费，也避免了众人因实验时间冲突而耽误实验。在智慧实验室的管理系统中一定要设置预约的流程模块，在这样的模块运作下，学生可以提前进行实验前的准备，为实验留有足够的准备时间；对于实验中可能遇到的突发情况，实验管理人员也可以提前进行计划安排，避免重大事故的发生。

实验管理子系统包括实验项目的管理、实验任务的安排、实验仪器设备的管理等。在实验开放子系统中要建立实验室管理员模块、实验室师资队伍模块、实验室开放管理制度模块、实验室出入登记模块等。数据采集分析子系统主要包括实验考勤模块、实验室人员信息模块、实验数据的收集打包封存模块等。数据采集分析子系统和实验室管理子系统是对实验室的每台设备都进行统计和联系，也就是将整个实验室作为一个运行整体来看待，方便所有用户使用，该体系建设过程中要考虑周全，制定一个任何情况都适用的完整解决方案。在特殊情况下，要有投诉和建议的模块，根据具体问题进行具体分析，这有利于实验室智慧化管理体系的升级和改造，使智慧实验室建设不断完善，减少高校实验成本，提高实验室的使用率，为高校实验室的开放管理提供全新的设计理念，同时也为高校智能化服务。

其次，管理硬件平台。管理硬件平台是由门禁控制子系统、视频监控子系统和电子柜锁子系统等组成。门禁控制子系统就是要将实验室的出入信息和实验室的远程控制相联系，针对不同的时间、不同人员的流动情况采取具体的管理措施，门禁控制子系统可以使高校实验室更加智能化。电源控制、监控实拍、报警装置和开门软件的统一协调配合，使实验室的出入实现智能化管理，可以做到实验室"有约可用，未约禁用"，大大减轻实验室的人员付出成本，同样也维护了实验室出入人员的权利，落实了使用人员责任。实验用户不需要管理员到现场开门就能用刷卡识别和审判授权的方式直接进入实验室使用仪器设备，做到了时间和空间上的开放。

实验室的智能管理离不开视频监控子系统的帮助，在远程控制、在线上课、实验资料上传、实验数据实拍、实验实时培训等方面都要有视频监控的支持。这种功能的出现可以极大地帮助实验者回顾实验，寻找实验问题根源，对实验改进具有深远的影响。实验室管理人员可以利用远程监控的方式对实验室实行现场管理，这样不仅可以减轻管理人员的负担，也不影响实验的正常进行。在实验室发生问题时，实验室管理人员可以通过视频监控系统实时查看实验室运行情况，如果发现实验现场有安全隐患，管理人员会在第一时间到达现场启动应急预案；同时，实验室管理人员通过实验室电源管理系统，可以远程操控关闭实验室总电源终止实验。这样可以有效保护实验室的其他仪器设备，同样管理人员也可以远程启动消防系统控制实验室。视频的自动记录功能也方便日后进行责任追查和事故发生原因的追寻。

电子柜锁子系统就是要将门禁系统中的控制开关、授权关联开关进行连接，使各个子系统的功能能够协调配合，发挥各个模块之间的安全保障功能。各种功能叠加后往往能发挥很强大的作用，使平台和各子系统间能够做到数据间的相互流通和使用时的联动。

第 2 章　高校实验室多元化管理模式创新

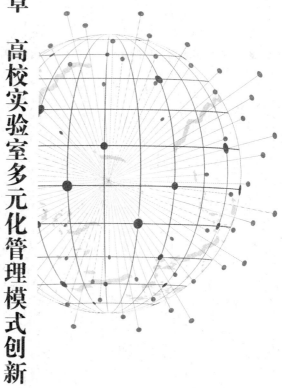

2.1　高校实验室建设项目管理模式

2.1.1　实验室建设项目管理的特点

实验室建设项目不但有一般项目的独特性、目标性、创新性和约束性等特征，而且除了一般项目的管理模式外，[1]它还具有以下比较独有的特征。一是实验室的建设周期较长，有的项目从立项到项目的完成，需要3年以上的时间，而且关注的设备品种也较多，所以在项目的执行过程中往往改动较大，预算的设备和实际采用的设备有很大差别，特别是有些项目调整较大。[2]二是实验室项目建设资金的来源渠道比较广，如重点实验室的建设经费、国库的专项经费、学科的建设经费、捐资办学经费等。经费使用中一般会牵扯到很多个实验室、单位或部门，在传统方式下其信息共享的程度低，可能会使项目不能尽早审批下来。[3]三是实验室项目管理流程较复杂烦琐，包括项目的规划、评审排序、立项申请、合同执行、采购组织、项目验收、效益评估和资料归档等多个流程，牵扯的部门和人员比较多，数量大，对项目的流程处理和合作沟通交流等都可能影响项目的按时完成。四是实验室的建设项目比较难控制进度，经费从预算到决算的过程也很难作出判断，往往会出现重复预算、经费执行不到位、结余的经费不能及时得到反馈等问题，经常表现为实验室的管理人员不能完全掌握经费采购的情况从而耽误了时间，导致决算的时候结余太多或资金不足的问题。

---

[1]　林贤进.实验室建设项目管理系统设计与研究[J].赤峰学院学报，2012，11(3): 22-23.

[2]　鲁保富.实验室建设项目过程控制分析与研究[J].实验技术与管理，2006(8):125-128.

[3]　田传军.仪器设备经费与采购管理系统的设计与实现[J].实验室研究与探索，2010(11):351-354.

2.1.2 基于 PPM 的高校实验室建设项目管理模式

2.1.2.1 PPM 在实验室建设项目管理中的运用

项目管理指的是对项目的有限资源在系统论的作用下进行有计划、有组织的安排，配备好人员，对其进行领导和控制，从而完成某个特定目标的过程。它的目的是在资源有限的情况下，让项目的成本、质量和时间达到最优化的配置。实验室的项目管理主要由四个方面组成：过程控制管理、立项管理、验收管理和绩效考评管理。通过立项管理实现过程的控制，最后对项目进行考核，完成相关验收。对部分高校的实验室建设项目进行调研后发现，在过程控制管理中，随着共性问题的弱化，项目建设往往不能完成其在立项时的目标和质量要求。因此，在探究实验室的建设项目时，为了寻求最佳方案，一般采用项目过程管理的思想。

PPM 是指规范性地构造端到端的业务流程，是一种持续提高组织业务的系统化、结构化的方式。它以结构化的流程为核心，本质上是建造优秀的业务流程，其最突出的特征是流程的优化。PPM 最开始的研究大都集中在企业的生产上。现阶段研究表明，PPM 在行政管理上也能发挥出重要的作用，也就是通过对行政管理过程的去伪存真，提高管理的水准和效率。[①] 实验室的建设项目具有很长的周期，有些项目还需持续性地投入，这就需要项目管理具有一定的前瞻性，要做好项目的规划。项目的经费来自多方面，这就要求项目管理要进行合理的布局，不要重复使用；实验室的很多项目都是查漏补缺，有很多项目，进度上也不易把握，这就要求项目管理实现程序化管理，要把握住节点。[②] 在这点上，要形成一种新的实验室项目建设管理方式，也就是在管理优化中以建设项目的支出为目标，让过程控制管理能够更加规范化、统一化和程序化。

通过控制项目的统一过程，形成项目库的集中管理，其管理过程的优化环节具体如下：科学地规划好所有项目的次序，形成项目梯队，按照在库孵育运作的流程来进行管理；严格地规范项目的入库和出库，优化每个出库项目的执行过程，并把握住项目在实施中的节点控制；把握好项目的在库、入库、出

---

① 朱根华，杨明，等.高校实验室项目化管理研究与实践 [J].科技管理研究，2011，31(3)：110-112.

② 曹勇.重过程管理的实验室建设项目管理的探索 [J].实验技术与管理，2005，22(10)：145-148.

库的整个过程，不要发生资金的浪费，控制好经费，让其发挥出最大的价值，提高项目的建设质量。高校的实验室建设项目管理要遵循以下原则：科学布局、申请程序、严格审核方案、规范采购的流程、精确预算目标以及快速决算追踪机制。

2.1.2.2 基于 PPM 的实验室建设项目管理的优化流程

学校明文规定实验室硬件的所有建设项目都要入库申报，按照学校的经费来源依次给予出库。我们可以用 PPM 思想来优化项目的整个过程。第一步，先在实验室中通过各实验中心规划并拟定好申报项目，再由各学院的实验中心汇总规划申报项目，根据学院的发展总目标制定新的规划，并对所属的实验室申报项目进行排序。第二步，在库项目在没有获得出库的前提条件下，都处于孵育状态，要由相关部门观察项目是否成熟，然后展开项目的早期工作。第三步，学校根据项目的不同和整体分布组织专家评审确定好入库项目，这些项目有成熟的年度项目、急需建设的项目、长期目标项目和储备项目等。这些项目都要根据学校的不同财政基础安排出库，并根据计划的不同和经费的预算完成情况进行项目的建设，具体如图 2-1 所示。

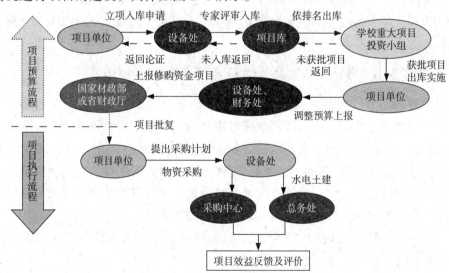

图 2-1　基于 PPM 的实验室建设项目管理优化流程

积极构建项目相关的数据库，并依靠该项目库逐一诊断和分析项目中不同执行环节所存在的问题，灵活运用不同方法。例如，通过消除方法、整合方法以及消化方法等对现阶段已完成项目及其流程进行系统完善和优化，最终以项目预算流程和项目执行流程两大流程进行区分。同时，以此为前提开展实验室建设项目经费与采购管理系统两大内容平台的搭建，提升整个工作程序的规范性与有效性。整个流程在经过一系列优化后，各业务之间的关系脉络更加明晰，尤其是经费管理中的两大环节——经费预算和执行程序关系更为明朗，一目了然。通过深度剖析其优势，发现主要表现在以下几方面。

第一，可实时跟踪和监督经费从预算到决算的整个经费管理全生命周期，避免了经费执行过程中流程遗漏所造成的各种不良后果，为经费管理公开、透明、节约三大目标的实现创造了有利条件。

第二，管理过程中各环节可实现无缝对接，为各流程工作人员信息的自由传递和共享搭建了有效平台，增强了人员之间的沟通与交流。比如，实验室建设单位可及时接收来自各环节的信息反馈，如经费批复、物资采购、工程修缮等，且各职能单位还可以对项目整体建设进度和规模进行实时了解和掌握。

第三，项目库中相关工作流程，如同类项目的申报、项目受理以及项目审批等均须在同一信息平台开展，各业务流程得以简化，使项目运行周期得到极大的压缩。

第四，借助先进的预决算软件管理系统，可对项目中的建设数据实施统计分析和运算。通过科学的统计计算可以大大降低项目预算阶段中人工方面的成本，使工作效率得以全面提升。

2.1.2.3 基于 PPM 的实验室建设项目管理的实施路径

一般情况下，项目出库后为确保整体资金支付率保持稳步上升趋势，且能够全程对项目进行监督，需严格按照项目前期所制定的执行规划和预算内容加以实施。项目各控制节点的目标任务和实施内容均应在整个实施路径中明确标注，且从项目管理人员角度来看，工作开展过程中需严格遵守相关资金投入制度，对项目开展进度、执行目标以及综合效果进行密切观察和跟踪，并且采取随机抽查和定期检查相结合的方式，加大监督力度。

第一，前期准备阶段。当项目予以批准进入早期准备阶段后，需同时负责两项内容，即预算执行和计划执行。第二，项目实施阶段。项目实施期间最难以控制的环节就是执行进度，计划执行水平在一定程度上决定了项目实施的成败，与项目过程管理效果和质量息息相关。第三，项目验收阶段。该阶段的主要任务是突出效益反馈和决策报告，并且在实际验收过程中需确保整个验收流程符合要求，严格按照相关规范和流程开展相关作业，所参考资料必须达到准确性、可靠性及完整性标准。若在项目执行期间有大量内容发生变更，相应的执行单位需及时将项目调整报告上交项目主管部门，由主管部门组织内部人员和专家严格审查调整报告，确保变更的科学性与合理性。如果在所调整的报告中部分内容变动幅度不大，且各环节在经费支出方面符合实际项目要求，得到相关部门批准后便可进入实施阶段。

项目完成一年后，需由相关部门组成项目考评组对建设项目进行现场考评，将项目申报时提交的建设预期成效指标作为评估参考，对项目建成运行以来一年的产出指标进行逐项验收，对项目综合运行情况和评估指标进行量化打分。专家组的综合考评结果将成为下一年度新建项目预算申请的重要依据。通过综合考核评价项目绩效可实现对实验室建设资金详细使用情况和效益的监督，不但有助于提升实验室资源配置的科学性与合理性，且在某种程度上有助于项目支出结构的优化与完善。

2.1.3　高校实验室建设项目管理模式改革

对于高校而言，校内各项科学研究活动的开展，很大程度上依托于高校实验室，高水平实验室建设不仅彰显了学校自身的发展水平，且在区域经济发展和社会进步方面发挥着重要作用。高校通过专业实验室的建设可实现高校实验水平、实验成果质量、学术影响力以及自身竞争力的多维度提升。但纵观我国目前各高校实验室建设和发展现状，许多高校实验室建设与学校实际发展需求相脱节，所培养的人才与现代人才市场所要求的创新型人才、应用型人才以及复合型人才不相符。因此，如何加快推动高校实验室管理改革与创新，构建一整套与当前社会发展相适应的实验室管理模式成为各大高校亟须解决的问题之一。全面整合项目、技术以及资源三方面优势，并积极引入项目化管理模式，打造一个基于实验室平台的创新型人才培养体系，造就一批具有较高研发能力和管理水平的队伍，可以为我国高校实验室管理模式的进一步优化和完善奠定坚实的基础。

2.1.3.1　对项目进行规范化的管理，提高实验室管理的效率

各高校应以项目管理为核心，充分执行各项决策和责任分配两项内容，确保所开发技术管理平台及其相关机制符合标准和流程，明确划分权利和责任，使目标更加明确、更加具体，以规范化方式对实验室进行系统管理。一般情况下，实验室均配备有大量资源和设备，实验室项目管理能否顺利开展，很大程度上取决于学术和学科之间的联系是否紧密。另外，要加快完成对相关绩效考核体系的构建，以综合、高效、全面的项目实施团队为项目的实施"保驾护

航"。为确保能够高质量完成项目研发阶段所制订的各项计划，高校实验室还可以尝试在现有管理的基础上融入项目化管理，不断更新和提高实验室水平。

2.1.3.2 利用项目化管理模式提高实验室的产出质量

第一，项目初期的立项与论证过程。在项目正式开展前，需综合评估和论证整个项目主体。例如，实验室在开展某项目之前，需从不同维度出发对项目展开综合考察，如项目开展的有效性、实验设备在市场占比、技术创新水平以及项目可行性等。通过对项目中各类潜藏风险的预估，为后期风险应对措施的制订提供一定的参考。

第二，组织与实施项目。重新分解工作结构可发现，工作结构中所包含内容十分广泛，项目组人员、项目总任务、财务管理以及资源配置等均属于工作结构的重要组成部分。为确保在规定时间内完成项目建设并实施，科学合理的计划不可或缺，对此可通过多种方式，如构建流程图和网络思维导图等对项目计划进行精细化的制订。各执行部门以及项目负责人需主动承担监督责任，重点对项目各环节预定的时间节点进行实时检查，确保项目相关任务能够在规定时间内高质量完成。同时，通过对各报告项目的执行情况加以分析，发现在项目实际开展过程中，为确保与实际情况相符，变更项目内容的现象时有发生，变更后的内容需及时修订并纳入项目整体计划之中，与近段时间以来项目开展情况相结合，对项目预算进行综合评估和科学分配，系统比较项目前期计划和实际执行情况，实现对项目真正意义上的监督和控制，确保项目顺利推进。在资料收集和整理过程中，参与项目的各相关部门需打破彼此之间的界限，积极沟通与交流，通过交换彼此掌握的信息，保证工作高效开展，将项目执行过程中时间成本过高、频繁返工等现象的发生概率降至最低。除此之外，在项目管理过程中，要对组内各成员工作绩效进行综合评定，将评定结果与员工个人绩效直接挂钩。

第三，监督与检查项目。在项目实际执行期间，需做好相应的监督和检查工作。需要注意的是监督和检查工作的开展需以健全的质量管理体系为前提。将项目管理理念充分融入项目执行全过程，参考相关检查规范，选择符合项目的检查手段，对项目进行综合把控。例如，可对项目进度与计划的契合度进行定期检查和评定，统计项目中出现频率最高的问题，在处理过程中不断总结经验。高校实验室中学术方向与项目并非一一对应，无形中增加了实验室管理部门的工作难度，需定期检查和监督项目的开展进度。

第四，项目结题、验收及考核。针对严格按照预期计划所完成的项目，参考相关规定对其进行结题和验收，并综合评定项目所产生的效益。上述工作内容的开展要求项目相关负责人出具项目运行的结题报告，对项目开展期间各任务完成情况进行详细说明。以项目前期所制订的一系列任务和目标为参考，从综合角度出发对项目加以评定，围绕已完成项目进行经验和教训的吸收和总结，为项目下一阶段的顺利开展提供科学的指导。

2.1.3.3 不断完善人员管理机制

第一，以合作的形式吸引人才，组建先进的团队。实验室内每一个创新型项目均具有大量待挖掘的潜力，坚持走产学研联合发展道路，培育和利用学术型和应用型科研人才，将研究成果渗透至实际生产中，推动应用研究向应用产业的积极转变，将科技成果的经济价值发挥到最大，基于对人才的大力培养和吸引，使其与实验项目达到高度统一，并从不同领域进行人才的挖掘和开发，引导人才在创新、管理和学术等层面实现多维发展。

第二，对创新能力强、积极创业的员工进行奖励。为充分调动员工的积极性与主动性，可尝试引入各种各样的激励方式，确保项目按照前期规划按部就班地开展。通过一系列有偿性措施的实施，对优秀人才专利、论文成果、产业化成果以及科学奖励成果等进行收集，以薪资报酬形式对其在项目执行过程中所作出的贡献予以回报，进行优秀个人和先进集体的评比，通过竞赛、演讲等方式培养个人和团队勇于进取的科研精神和开拓创新的科研意识，打造一支高素质、高水平的科研团队。

第三，强化实验室管理机制。科技人才追求和崇尚自由的学术氛围，在实际科研工作中对空间内的自由度要求较高，但古语有云"无规矩不成方圆"，实验室人员对学术自由的追求需以实验室规章制度为前提，确保项目进度和项目质量与实际要求相符。与此同时，团队成员还需从自身角度出发不断增强自身法律意识，培养职业方面的个人道德。只有加快健全和完善实验室管理机制，才能完成专业实验室队伍的组建，提升科研人员和管理人员的综合素质，从根本上实现人才结构的合理化。此外，实验室管理机制的完善与否，直接关系人才的引进。在实验室管理机制中，人才的培养和人才的引进二者可有机结合，营造出最佳学术研究氛围。通过对人才的充分挖掘和应用，优化和提升实验室工作水平、工作环境和工作质量。

2.1.3.4 建立丰富多彩的实验室文化

第一，建立实验室资源库。实验室可加快构建起一个汇集海量科研信息的数据资料库，并设立配套网络系统，有效改进外界所开发的相关信息处理应用软件，确保其符合实验室实际使用需求，同时采购各类先进信息处理装置，以科学化方式处理实验室海量科研信息。另外，筛选、整合目前所搜集到的各类优质化信息数据，以这些信息数据为基础搭建相应的数据库平台，随着数据的规模化和数量化，改变、整理数据库相关信息，建立具有实验室自身特色的实验室资源库。

第二，创建实验室团队文化。在实验室发展过程中，独特的实验室文化和团队合作精神发挥着不可或缺的作用。实验室在特色文化和团队协作精神的支撑下，可以申报多项省部级和国家级专项技术课题，且实验室成员在这种合作氛围下对实验室认同感不断强化，不但可以推动团队整体进步，且在一定程度上有助于构筑一种集创新、竞争、合作、奉献为一体的实验室文化。

2.2　高校实验室仪器设备管理模式

2.2.1　传统高校实验室仪器设备管理模式

现阶段，针对实验室仪器设备的管理，国内绝大部分高校以分散管理为主，在该管理模式下学校是实验室仪器设备的主管单位，各院系所负责管理内容均由学校统一划分，直接使用权仍掌握在实验室自己手中。但是，从实践来看，该模式存在某些缺陷，详述如下。

第一，利用效率低。为了方便，各单位纷纷开展自己实验室的建设，以单位名义申请购置仪器设备，在建立实验室和购置仪器时，各单位无须考虑高校整体情况和实验室协作问题，只需将自身条件纳入考虑范围即可。这就导致实验室仪器设备的利用效率较低。

第二，信息采集困难。长期以来，对于实验室相关信息的获取，如设备信息、耗材信息等，都是通过产品自身所携带的说明书获得。而这种自带的说明书一般为纸质材料，丢失、缺损的可能性较大，且受篇幅限制，内容不翔实，操作步骤被压缩简化。

第三，动态管理困难。当需要调换仪器设备位置或变更属性时，标签信息随之更替，需制作新的标签，不但消耗大量时间和人力，而且各环节同步开展往往会出现混乱情况。另外，如果某实验室仪器设备转借至另一实验室，若仪器设备更新不及时，将导致标签内容与数据库所记录内容无法准确对应。

第四，丢失情况严重。实验室所配备管理人员数量有限，每个管理人员所负责的内容和设备较多，管理难度较大，极易出现混乱局面，甚至导致仪器设备丢失。若实验室频繁变迁地点或人事突然变动等，都会增加仪器设备遗失的可能性。

2.2.2　基于物联网的实验室设备管理模式

作为一种新型网络技术，物联网是对互联网的拓宽和延伸，整个物联网系统中纳入了射频识别技术和无线传感技术，这些技术的应用在一定程度上为"物物交换"提供了可能。通常物联网的实施主要分为以下几个步骤。

第一，精确标识系统内各物体的属性，如动态属性或静态属性，前者通过传感器实时探测可得，后者则直接在标签中存储。

第二，通过对设备的精准识别读取物体属性，并且为了便于传输将信息转换成相应的数据格式。

第三，通过网络技术将物体信息传输至相应的信息处理中心，由中心对物体通信进行科学计算。在实验室仪器设备管理中，物联网技术的融入可实现仪器设备信息的电子化，信息的采集、汇总以及处理完全可依托于所建立的管理终端。

在实验室仪器设备管理中应用物联网技术具有以下优势。

一是在设备信息全局管理方面，射频识别技术可将仪器设备的基本信息以电子标签形式进行存储，使用人员通过无线网络和传感器即可调取仪器设备相关信息，并完成对其系统管理，其所囊括的信息较为复杂，主要包括仪器设备的规格、型号、单价、使用单位、出厂日期、维修记录以及生产厂商等。

二是在设备信息动态管理方面，射频识别技术的全面引入可实时跟踪和管理相关仪器设备，将相应的门禁模块安装于实验室出入门上即可。该模块可对出入实验室的人和物品进行自动化扫描，扫描后的信息可通过无线网络直接上传至管理计算机。另外，射频识别技术还可预定仪器设备安防位置，全方位比对当前位置和预定位置，并设置相应的报警信号，当设备被挪用或发生意外时，可在第一时间发出预警信号。

三是在实验过程的管理上，通过对计算机的管理可获取大量实验过程中的相关内容，如实验步骤、操作规范以及使用者等，为实验者顺利完成实验提供帮助。与此同时，管理与技术的有效融合，可实现以动态化方式对仪器设备进行控制和管理。一旦仪器设备使用不规范，可自动发出警告，为避免产生不必要的损失还有可能中断实验。相关实验人员可对纳入物联网的各类实验器材进行远程控制，实时采集实验过程中的相关数据，并以合理的方式直接反馈给实验人员，赋予实验教学智能化、网络化以及数字化色彩。

四是在设备实时检修方面，传感系统的创新应用可简化仪器设备巡检和维护流程，以网络技术替代人工的方式可在一定程度上提升实验室仪器设备巡检和维护次数。同时，每台仪器设备的电子标签都详细记录和存储了设备的基本信息和维修历史，仪器设备使用情况一目了然，不但可避免在维护巡检方面耗费大量时间，提升整体工作效率，而且能够在一定程度上避免出现与实验室仪器设备使用和维护相关的责任事故。

2.2.3 仪器设备共享平台监管模式

近年来，高校实验室仪器设备整体呈现出数量化和规模化的发展态势，特别是在信息化建设不断加快的背景下，仪器设备资源整合难度不断提升，为确保仪器设备共享情况和预期目标一致，需努力提升仪器设备的共享率。在坚持"预先防范、同步控制、事后检查"原则的基础上，需不断完成实验室相关机制的有效建立。

2.2.3.1 预先防范模式

一是充分结合仪器设备使用效率和使用效益。根据动态化原则对使用频率相对较高的设备优先进行拨款，以滚动方式推进落实投资计划。

二是充分结合仪器设备资源使用效益与新进设备的论证。通过校外专家论证和匿名论证的有效应用，对于使用效益偏低、重复购置以及缺乏相应人员配置的仪器设备资源，不予审批采购。

2.2.3.2 同步控制模式

一是充分糅合使用效益与开放基金、维修基金评审。

二是充分糅合使用效益与设备运行状况。

2.2.3.3 事后检查模式

一是有效结合使用效益与设备调拨、效益评审等奖惩措施。设立专门的仪器设备资源使用效益奖，将该奖项颁发给年度考核效益较好的人员。相反，针对仪器设备使用效率不高的单位，则需要求其从自身角度出发，寻找问题根源，重新整合并调配仪器设备资源。

二是有效结合使用效益和其他管理机制。例如，充分结合实验室评先机制、实验室技术岗位评聘机制、实验室仪器设备更新机制等，从根本上提升仪器设备资源使用效益。作为高校管理系统中的重要组成部分，实验室仪器设备资源共享管理活动的开展主要是为了协助学校完成现代应用型和科研型人才的培养目标。

2.2.4 高校实验室大型仪器设备管理模式

在科学技术飞速发展的今天，各高校应借助现代网络技术以及各种信息控制技术，建设仪器开放管理系统平台，以更加科学化、专业化方式对实验室仪器设备进行管理，不断提升整体管理水平，加快科技创新步伐。与此同时，随着智能手机在校园的普及，学生无论生活还是学习都依赖手机，学校可结合学生这一偏好，开发建设用智能手机进行设备预约、使用以及培训的平台，具体改革实践内容主要包括以下几点。

2.2.4.1 完善健全大型仪器设备的相关管理制度

深入其他高校开展系统全面的调研，吸收和借鉴其在实验室大型仪器设备管理方面的经验，对本校相关管理制度加以补充和完善，并完成对相关制度的有效制定，如《大型仪器设备配件管理办法》《大型仪器设备开放使用细则》等，提高学校实验室大型仪器设备管理的科学化和规范化水平。

2.2.4.2 完善大型仪器设备的技术资料

指定相关人员进一步整理实验室大型仪器设备说明书、操作简明手册等各项技术资料，以供师生参考和操作实验使用。

2.2.4.3 大型仪器设备管理系统功能模块介绍

若要完成对大型仪器设备管理系统的构建，可尝试以基本模块为切入点，如登录模块、管理模块以及使用模块，具体介绍如下。

（1）登录模块。登录模块主要分为两种，一种是管理员登录模式，另一种是学生登录模式。前者登录后可查看、添加和修改仪器设备相关信息，后者则可进行仪器设备的预约借用和说明书查询，如表2-1所示。

表2-1　登录模块

登录				
管理员登录			学生登录	
查看仪器信息	修改仪器信息	添加仪器信息	预约借用仪器	查看说明书

（2）学生使用模块。从结构组成来看，学生使用模块主要包括四部分，即设备借用、资料查看、设备归还以及站内信息查询，如表2-2所示。

表2-2　学生使用模块

学生使用									
设备借用			资料查看		设备归还			站内信息查询	
登录平台网站	提出借用申请	等待教师核验	查看设备说明书	查看实验学习资料	提交归还信息	等待教师检查确认	归还成功	确认是否预约成功	确认是否归还成功

（3）管理员管理模块。从内容来看，设备管理、设备使用信息管理、设备预约审核、设备归还信息审核、设备借用历史查询以及学生管理功能均属于管理员管理模块所涵盖的内容，如表2-3所示。

表2-3　管理员管理模块

管理员管理																	
设备管理				设备使用信息管理			设备预约审核		设备归还信息审核			设备借用历史查询		学生管理功能			
添加设备	删除设备	修改设备	查询设备	发布信息	删除信息	修改信息	审核借用信息	领走实验设备	学生发出归还信息	教师确认设备状态	仪器归还	查看借用历史	删除借用历史	查询学生用户	增加学生用户	删除学生用户	修改学生用户

2.2.4.4 开发大型仪器设备移动终端管理软件

调查显示，学生所使用的智能手机中 Android 系统占比较大。目前，国内部分高校已经实现了设备资产管理系统与二维码技术的有效结合，实验室大型仪器设备的管理呈现出一种动态化发展趋势，并且该方式因存储量大、成本投入小以及简单方便，得以快速适应现阶段高校仪器设备管理。高校在大型仪器设备移动终端管理软件开发的基础上，以"校园网"为载体，通过有效应用智能手机摄像头扫描二维码功能，以智能识别方式对大型仪器设备及其附件设备进行综合管理。依托于 kSOAP2 技术相关移动终端可实现移动端信息的有效传输。该管理软件的基本模块及其功能具体介绍如下。

（1）登录模块。通过输入个人学号，学生可自由登录该管理软件。

（2）二维码扫描模块。可在手机上登录相应的 App 软件，扫码模块可对实验室仪器设备上所配备的二维码进行系统扫描，进而获取具体信息，并与学生实际需求相结合，将各项请求发送至后台设备管理系统。

（3）学生使用模块。该模块主要分为四个部分，即设备借用、资料查看、站内信息查询以及设备归还。具体功能与大型仪器设备管理系统平台中的学生使用模块功能基本一致。

2.3 高校实验室低值易耗品管理模式

2.3.1 基于大数据思维的高校实验室低值易耗品管理模式

2.3.1.1 基于大数据思维的实验室低值易耗品管理模型介绍

图 2-2 直观地展示了基于大数据思维的实验耗材管理模式。

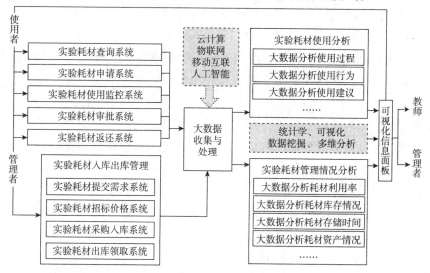

图 2-2 基于大数据思维的实验耗材管理模式

在实验室耗材管理模型中，最为核心的任务是收集和处理各类数据信息，大数据中心是一切活动和管理措施得以开展的动力源泉，在系统中充当着"大脑中枢神经系统"的角色。

运用云计算对实验耗材大数据进行感知，以物联网采集相关信息，通过移动互联传输、加工、存储、处理各类数据资料，采用人工智能展示实验室耗材模型等，都从技术角度提高了实验室耗材智能管理信息系统运行效率和质量。

实验人员、学生、教师等均属于实验耗材使用者，在开展实验前，各使用者可借助不同数据终端，如手机、电脑等，登录实验耗材智能查询系统，搜索所需耗材库存情况。若实验耗材储存不足，可向系统提交不足申请；如果所需实验耗材储备充足，则可直接提交使用申请。系统收到反馈后可通知管理人员，管理人员在系统审核后批准实验耗材申请，如此可确保各项教学实验活动的顺利开展。

在实验教学活动开展过程中，实验耗材使用者需将各类使用信息，如使用过程、操作行为等上传至实验耗材管理系统。系统通过光热传感器、视频监控等物联网技术对实验耗材特别是一些特殊、危险耗材的使用情况进行实时监督。实验教学活动完成后，需将实验耗材剩余信息提交至相关智能管理平台，归还剩余耗材，最大限度提高耗材使用效率。

管理者对管理系统具有较高的管理权限，但在其管理过程中也应努力扮演好服务者角色，提升自身在实验耗材过程中的参与度。实验耗材使用者提交申请后，相关管理人员可依据具体信息，对需要采购的实验耗材进行判断，如果所需实验耗材当前储备不足，则可将实验耗材所需数量、价格、品牌等采购信息发布于实验耗材智能管理系统。信息发布后若供应商主动提供产品服务，则需严格按照实际采购招标流程进行下一步采购活动；如果耗材采购数量无法满足实际需求，管理人员需及时与供应商联系，补足缺失内容。完成一系列实验耗材采购任务后，将所采购耗材逐一录入智能管理系统，并以信息方式通知实验耗材使用者，以免耽误使用者实验进度。为确保申请到自身所需实验耗材，相关使用者需向管理系统提前申请，管理者需详细登记实验耗材出库情况和入库情况，依据实验耗材具体申请信息向使用者发放。

管理者在一系列管理活动中，可通过大数据采集与处理中心实时了解和掌握各类信息。这样就摆脱了传统人工记录和发放的工作难度，可提高实验耗材发放速度和服务能力。

除了能够为实验耗材使用者提供申请、领取、发放功能服务外，实验耗材智能管理系统还提供各类技术，如多维分析技术、统计学分析、数据挖掘技术以及可视化技术等。相关管理人员和教师可直接通过可视化信息面板获取实验耗材相关信息，对具体使用行为和使用过程进行全方位、多层次的监督和分析，针对具体使用情况提出一些操作建议，还可了解实验耗材库存情况、资产情况以及存储时间等管理情况。实验耗材智能管理信息系统因具备一定的大数据思维，将管理者视为服务者，可以优化服务质量，增强使用体验，实现对各类不良管理问题的有效规避。

从整体上来看，基于大数据思维所搭建起的实验耗材管理模型，集人、技术、服务等于一体；大数据系统在云计算、物联网、人工智能以及移动互联等技术的支持下得以对信息进行系统收集与处理；而大数据中心则负责为管理者和使用者提供展示服务和数据分析，管理者以及耗材使用者应不断自我完善和更新，以确保与实验室耗材智能管理系统相适应。

2.3.1.2 实验教学耗材的大数据管理措施

（1）实验耗材大数据的采集系统。管理者与使用者是实验室耗材管理信息系统中常见的两种角色；预约信息、等级划分以及使用查询等均属于数据服务系统；实验耗材的基本信息涵盖多个方面，如使用建议、采购日期、报废、供应商信息、库存数据等；实验耗材的管理信息主要包括耗材使用规范和实验室管理文件两大信息内容。值得注意的是，在上述各类信息采集过程中，应尽可能保证信息的准确性、全面性以及完整性，确保实验室耗材信息更加科学化，更加合理化，在数据采集阶段需提前对数据结构和数据内容进行系统规划和设计。

（2）实验耗材大数据的存储和处理系统。基于大数据采集系统所获取的实验耗材信息具有极为显著的多元化、个性化以及差异化特点，而这也是数据信息存储难度不断提升的关键因素之一。在这一背景下，基于大数据所构建的存储系统和处理系统，不但能够有效存储和处理相关数字信息，而且能够处理动态视频、图像图形以及文字文本。此外，大数据存储和处理系统还可以及时更新采集到的关于实验室易耗品的使用状态、使用情况以及预约状态等一系列数据信息，确保各项数据的实时性、准确性以及有效性。

（3）实验耗材大数据的管理决策系统。过去很长一段时间，在实验耗材管理和决策过程中个人的经验都发挥着十分重要的作用，而在大数据背景下，数据化的分析和判断成为管理决策和预警的"中坚力量"，可在参考相关数据的基础上挖掘当下所存在的问题以及待更改的地方，并协助管理者制订相关优化策略。

（4）实验耗材大数据的保密和法律问题。数据资源共享是大数据思维管理下最为显著的特点，但很多情况下实验室数据，如科研数据、耗材产出数据等，其分享范围受到某种因素限制。因此，在实验耗材管理中，对于大数据管理的应用还应进一步强化法律意识，增强对信息的保密管理。[①]

2.3.1.3 实验耗材管理系统目标与功能需求

实验室耗材管理系统构建的主要目的是实现申报、申请、审核、入库、出库、统计等功能的一体化，

以更为便捷的方式记录和管理实验室耗材的使用情况。实验室耗材管理系统有效替代了传统手工操作，使耗材管理更加便捷化、高效化；可在一定程度上达到进货合理化、缩小库存量、保障用户使用等目的，特别是在耗材存储方面，能够降低实验室耗材成本方面的过多投入，确保最终的经济效益；能够实时了解实验室耗材库存、申请、申报情况，通过与管理系统实际需求相结合，完成对耗材进库和出库计划的重新调整和规划。

根据易耗品工作流程可将实验耗材管理系统分为申报模块、申请模块、审核模块以及统计查询模块等四大模块。

申报模块面向的对象主要为教师。教师可就本学期所开展实验课程内容进行实验耗材的申报，将具体申报信息提交至管理员处，由管理员审核后进入操作阶段。

申请模块主要面向广大教师和学生，主要是根据需求进行实验室耗材申请。

审核模块面向的对象为管理员，主要是由管理员审核教师和学生所提交的实验耗材申报和申请信息，审核无误即可予以批准，并将最终审核信息转交给采购人员，由采购人员根据耗材清单逐一采购；而未通过审核的申请和申报则直接退回教师或学生，由其进一步修改和完善申请和申报信息。

统计查询模块的核心人员为实验室领导，其主要负责查询和统计教师申报情况、教师与学生申请情况以及所需耗材价格等。

2.3.1.4 实验耗材管理系统设计与实现

（1）业务流程设计。图2-3为系统总体业务流程图，具体申报材料由申报人（教师）负责准备，材料内容主要包括课程名称、耗材名称、申报数量、耗材单位、申报理由、申报日期、申报人等。申报人完成申报信息填写后，管理

---

① 李锋.大数据在高校实验室管理中的作用[J].科学大众（科学教育），2017(8)：178.

人员审核具体申报信息，审核通过后可查询所申报耗材的库存量。若库存量充足出库即可；若库存不足则需将耗材申报单转交至采购员，由其进行市场采购。

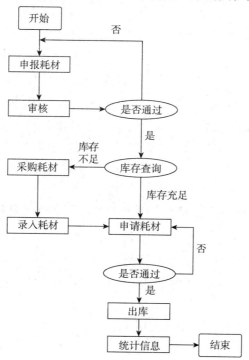

图 2-3　实验耗材管理总体业务流程

（2）功能模块设计。实验耗材管理系统中的核心功能主要有六个，即申报管理、申请领取管理、审核管理、课程或实验管理、出入库管理以及统计查询管理，如图 2-4 所示。

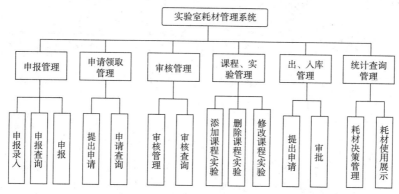

图 2-4　实验耗材管理系统功能结构

申报管理模块面向教师，主要是为了提高申报流程的规范性与有效性。

申请领取管理模块面向教师和学生，监督和管理耗材申请过程，提升申请的成功概率。

审核管理模块面向系统管理员，主要是对申报信息和申请信息进行综合处理。

入库管理模块面向系统管理员，主要监督耗材基本信息的录入。

出库管理模块面向系统管理员，确保耗材按质按量出库。

统计查询管理模块面向实验室领导，以便灵活查询和统计实验室耗材。

（3）实现与部署。B/S 三层总体架构是实验室耗材管理系统得以实现的基础条件。实验耗材智能信息管理系统的构建主要基于一种大数据思维，这一前提要素的存在使其无论是在大数据管理系统部署方面，还是数据安全方面，都有着极为严格的要求，如图 2-5 所示。通过不同角色对系统进行亲身体验，验证其关键模块和功能，表明系统基本功能已经实现，如耗材申报模块、申请领取模块、审核模块、统计查询模块等。与此同时，在互联网和校园网中该系统也能够畅通运行，可适应 Google Chrome、Internet Explore、Fire-Fox 等主流浏览器。[①]

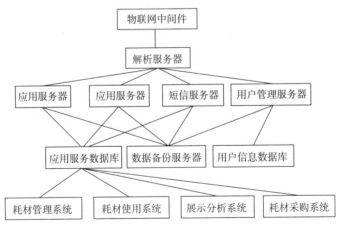

图 2-5　实验耗材大数据管理系统部署

---

① 肖俊生.高校仪器设备动态化管理系统的开发与实现[J].实验室研究与探索，2015，34(6)：277-279.

2.3.2　高校实验室低值易耗品物联网管理模式

2.3.2.1　物联网技术与高校实验室低值易耗品管理

物联网是新一代信息技术的重要组成部分。物联网的核心和基础是互联网，并在此基础上进行延伸和扩展，实现物品之间的信息交换和沟通。通过一定的信息传感设备，如射频识别、红外传感器等，按照一定的通信协议，将物品接入互联网进行信息交换和通信，可实现智能识别、定位、跟踪、监控和管理。物联网从技术架构上可分为感知层、网络层和应用层。感知层类似人的眼睛和耳朵，包含识别物体和收集信息的传感器。网络层类似人类的神经中枢和大脑，包括互联网、有线和无线通信网络、网络管理系统等，对感知层获取的信息进行传输和处理。应用层相当于一个接口，连接物联网和用户，满足行业需求，实现物联网的智能化应用，如表 2-4 所示。

表2-4　物联网架构组成

应用层	智能家居、智能交通、智能医疗、智慧实验室等
网络层	移动网络、互联网、无线网络
感知层	RFID、传感器、GPS

随着传感器与电子标签及配套的接口装置数量的大幅提升，物联网成为推进经济发展的又一利器，广泛应用于植物、动物、机器和其他物品。物联网作为新兴产业将成为全球信息通信行业的万亿元级产业。

作为现代教育创新和实践教学的重要基地，实验室的信息化已成为高校建设的一项重要工作。目前，我国高校实验室中低值易耗品种类较多。在对其管理中，传统管理模式效率低下，容易出错，数据更新不方便，更难以进行动态网络管理。随着实验教学水平的提高，对实验室低值易耗品的管理提出了新的要求。借助物联网的 RFID 技术，利用无线传感网络实现实验室低值易耗品的自动化管理，将大大提高工作效率。对于一些特殊的低值易耗品，可以实时监控库房的温度和湿度，保证物品的正常使用。

2.3.2.2　基于物联网的实验室低值易耗品管理系统的构建

第一，基于物联网的高校实验室低值易耗品管理智能系统。高校实验室低值易耗品管理系统是一种基于物联网的智能化管理系统，它利用智能传感技术获取信息,通过分析软件对信息进行识别、分类和有效利用。智能识别子系统、存储子系统、查询子系统和出库子系统构成了管理系统的基础。智能识别子系统对不同产品的标识进行扫描,扫描后的电子识别标志通过网络层传输给数据系统进行分析。根据不同的电子识别标志,对不同的低值易耗品进行分类统计,并提出有针对性的环保建议。对于低值消耗品,数据被转移到管理员和实验室教师的查询子系统。在该智能系统中,低值易耗品的管理由相关子系统自动完成,管理员作为辅助人员可以选择接受系统的建议。这样,通过机器之间的信息交换,按照一定的程序进行管理工作。这是基于物联网实现的低值易耗品实验室管理。

第二,高校实验室管理物联网构建的难点和关键点。基于物联网技术的智能实验室低值易耗品管理系统构建的难点在于资金和技术,缺乏对实验室管理的重视和有限的建设经费严重制约了系统的智能化发展。此外,实现智能化管理还需要更成熟的技术支持。虽然传感器技术的研究已经相对成熟,但其核心领域尚未实现产业化。为了实现高校实验室的智能化管理,必须重视新型物联网技术,依靠和利用成熟的互联网技术,使系统能够在高校实验室管理中发挥更大的作用。

随着国家政策的支持和技术的发展,基于物联网的高校实验室低值易耗品管理将会取得长足的发展。智能化管理系统的目标是实现实验室低值易耗品的识别、管理过程的自动化和管理系统的集成。通过传感器技术对所有低值易耗品进行统一的电子识别,将收集到的电子信息通过网络传输到终端管理软件,进行科学分类和存储,从而更方便、准确地获取服务。高校实验室低值耗材智能管理系统的建设离不开资金和技术的支持,离不开对物联网建设重点的把握。随着物联网建设的兴起以及实验室管理信息化和自动化的发展,智能化管理将在高校实验室低值易耗品管理模式中大放异彩。

2.4 高校实验教学与考勤管理模式

2.4.1 基于网络平台的实验教学管理模式

2.4.1.1 实验教学管理系统的开发与完善

实验教学管理系统共分为教务处、实验室、教师和学生四个平台,是对科学有效的数据库设计技术和长期服务高校教育教学的经验技巧加以利用，针对实验室（中心）个性化需求问题进行动态定制，为学校所有实验室提供统一的网上实验教学管理系统。该系统整体功能，如图 2-6 所示。

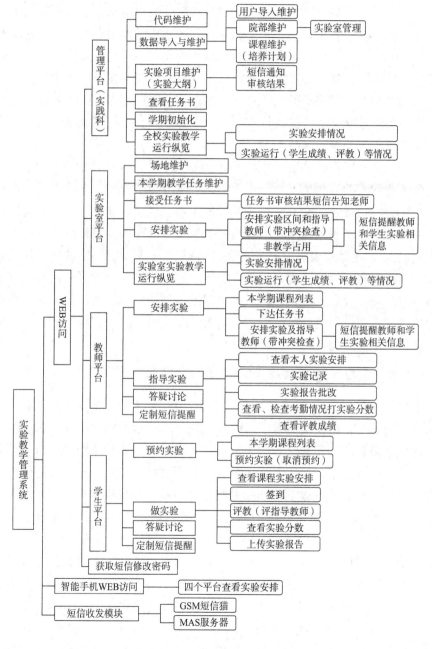

图 2-6　系统整体功能

该系统主要有三大特点：一是系统拥有多种用户和多种管理员，对于每个实验室，该系统是一个小规模的实验教学管理系统，通过实验室设置自己的操作参数；二是提供网络访问、短信访问（可在服务器端使用 SMS Cat 或 MAS 服务器），方便教师和学生及时了解相关的实验信息；三是服务对象包括教务处、各基础专业实验中心（实验室）、各公共课程和专业课程的实验教学活动，实验中心（实验室）提交实验大纲，提交实验任务，安排实验，学生预约实验，教师评价自己的实验，学校教务处和教学督导按课程表进行监督。

该系统所要解决的问题主要有安排实验、学生预约、开放实验管理、安排通知、实验提醒、实验成绩管理等。这些都是高校所有实验室（中心）日常实验运行中所要处理的问题。

该系统实现了以下功能：在线发布实验大纲（实验修改由教务处提交／审核，是作业和实验安排的基础）；教学任务的介绍和维护（教务处）；在线提交／接受作业；网络实验（实验室或教师）和访谈实验（学生）；使用客户个人的手机号码注册或重新注册，并用短信检索登录密码。短信分为四类：系统提示（按键）、手动群发；定制短消息，包括"警告"和"触发事件处理结果"；发送"密码检索"短信；来自教务处、实验室和教师的大量群发通知。该系统将实验教学与实验室管理相结合，最大限度地利用实验设备资源、课件资源和教师的智力资源。通过该系统，实验室对学生完全开放，实现了实验教学的信息管理，进一步提高了实验教学的效果。

2.4.1.2 实验教学管理模式的开发

实验教学涉及诸多因素。如果没有全面的计划和系统的管理，实验教学就会没有明确的目的，实验教学过程就无法完成课程教学要求。优秀的实验教学管理模式是提高课程实验教学质量的必备条件。实验教学管理可以与学校教务管理平台结合起来，实验教学计划和教学管理可以整合到学校教务管理的范围内。这不仅可以节省教学管理的时间，也节省了教育成本。

针对实验教学管理中存在的问题，需要做以下工作。一是规范实验教学大纲。通过互联网提交的实验大纲将由教务处审核实施。如有任何修改，教务处可撤销修改，以避免大纲在提交和实施前被任意实施。二是教务管理平台通过项目书的子项目监控学院实验任务的执行情况。实验中心在安排实验时，根据实验大纲列出的实验项目（姓名、班级、每组人数）信息，自动显示，无须教师填写，实验教学管理系统可以通过校园网向外发布，学生可以选择时间、地点和实验课程。本系统的开发不仅可以大大减轻实验课程安排的工作量，而且可以解决实验课程信息维护、课程安排、各类数据统计、实验教学监督等问题。实验课程是实验教学正常运行和教学秩序稳定的有效保障，是进行教学检查、教学监督和计算实验教学工作量的重要依据。各实验中心（室）应严格按照实验大纲的要求安排实验进度。实验计划的制订可以是一周一次或一学期一次。通过对学校实验平台系统的查询，教师可以根据实验平台进行随机授课。在线教学评价是通过专业课程与实验课程教师之间的数据关联来实现的。

2.4.2　利用人脸识别技术实现实验室智能考勤管理

实验室智能考勤系统主要通过视频处理装置来构建，通过这些设备采集人脸特征，并与用户基本信息相关联，搜索并匹配对应的用户信息后，登记考勤，实现考勤管理。同时，与传统考勤方式相比，实验室考勤管理系统的安全性和可靠性也会得到提高，实验室管理者无须担心用户身份被盗用。利用人脸识别技术将用户面部与系统数据中存储的原始人脸进行计算机算法比对，这样可以大大提高学生考勤系统的智能化程度，提高考勤管理的效率，解决系统考勤时间难以确定、签到等一系列客观问题。智能考勤系统还可以对实验室的考勤情况进行数据分析和统计，实验室的后续发展可以将此作为技术扩展方向。

2.4.2.1　图像预处理

人脸识别系统利用摄像头采集图像，而图像在经过智能处理后才能用于人脸识别，因而在人脸检测和特征提取过程中，需要对图像进行预处理，以便有效地计算和提取数据。

灰度图像，通常称为灰阶图，每个像素只有一个采样颜色，因此保存的信息并没有彩色图像多，可以理解为彩色图像的退化版。[①] 图像去噪、二值化和归一化都是基于图像灰度的。彩色图像处处可见，彩色图像到灰度图像的转换公式为：

$$\text{Gray}(i,j)=0.39 \times \text{R}(i,j)+0.5 \times \text{G}(i,j)+0.11 \times \text{B}(i,j)\{i,j \in \text{N}^+\} \quad (2.1)$$

式（2.1）中的 0.39、0.5、0.11 是经验值的三个常量；R(i,j)、G(i,j)、B(i,j) 表示颜色分量。

图像中的噪声有时会严重影响人脸识别的结果。为了保证识别效果，就要采取图像降噪，也就是通过分离噪声来保留图像数据。在人脸识别中经常用到的图像降噪方法有中值滤波算法（Median Filter）和高斯滤波算法（Gaussian

---

① 王辉. 图像灰度化与曲线降阶的几何优化方法研究 [D]. 杭州：杭州电子科技大学，2013：12.

Filter）。其中，高斯滤波算法在图像降噪中应用更为广泛。高斯滤波算法是利用高斯函数来实现的。高斯滤波函数的公式为：

$$G(i,j) = M(i,j) \times e^{-\frac{(i-u_i)^2}{2\sigma_i^2} - \frac{(j-u_j)^2}{2\sigma_j^2}} \quad \{i,j \in N^+\} \qquad (2.2)$$

式（2.2）表示一个二维高斯函数。$M(i,j)$ 代表原图像在 (i,j) 点处的取值；$G(i,j)$ 代表经过二维高斯函数处理后的值，其值具体表示该图像在 (i,j) 点的对应值。

灰度图像虽然比彩色图像保存的信息少，但是比二值图像保存的信息多，因而灰度图像是二值图像的进阶版。二值化可以设置灰度图像阈值，使灰度图像具有不同的灰度级别，在实际处理过程中对应 0 和 255 个值，这样就可以拥有 256 个灰度级别。二值化方便了特征提取。可根据公式（2.3）进行二值化：

$$G(i,j) = 255\text{sgn}(T) = \begin{cases} 1, M(i,j) > T \\ 0, M(i,j) \leqslant T \end{cases} \qquad (2.3)$$

在上面的公式中，sgn（T）代表的是符号函数；符号函数里面的参数 T 是用户设定的图像阈值；$G(i,j)$ 为图像利用二值化函数变化后，图像在 (i,j) 点的对应取值。

2.4.2.2 人脸识别技术

人脸识别技术是一种在人脸特征信息库中抽取特定人脸个性信息的技术，以此可达到识别身份的目的，主要步骤分为人脸检测、人脸对齐、特征提取和人脸识别。

（1）人脸检测。人脸检测是将摄像头获取的人物面部信息在人脸存储数据库中进行检索比对识别的技术。具体来说，就是给定一个特定的图像，通过一定的算法在信息库中进行搜索，若搜索到相应的人脸信息则返回其对应的所有个性化信息。传统的人脸检测有四种方法可以实现，它们分别为利用模板匹配的检测、利用人脸几何特征的检测、利用子空间的检测和利用统计的检测，这些方法能够快速地确定人脸在图像中的相应位置。一般来说，人脸信息是一个感兴趣区域（Region of Interest，ROI），用于通过矩形框定位图像中的人脸。

（2）人脸对齐。眼睛、鼻子、嘴巴等的人脸局部的形状特征是人脸的几何特征，几何特征的识别很简单，但是当这些特征被遮挡时或者面部表情变化较大时，检测到的人脸图像就会出现鲁棒性差等问题，从而影响特征的提取和人脸的对比结果。人脸对齐包括对齐变换和特征点定位。[①] 眼睛、嘴巴、鼻子和额头作为人脸的关键器官被定义为特征点，只有确定这些特征点的位置才能保证人脸对齐。通过角度归一化和特征点对齐所获得的面部信息有很强的可靠性。

（3）特征提取。特征提取融合了计算机视觉和图像处理双重技术，就是把图像上的点分为不同的子集，通过相应的算法——判定这些点是否属于设定的图像信息。方向梯度直方图、局部二值模式和 Haar-like 特征是图像特征提取的三大常用算法。其中，局部二值模式重点在于描述图像局部的纹理特征，其特点是旋转不变性和灰度不变性。

（4）人脸识别。人脸识别包括一对一和一对多的识别。一对一识别主要用于人脸特征匹配以确定是否是某个人；一对多识别主要利用一张人脸去和人脸数据库中的众多人脸数据进行详细的检索，将相似性最高的图像显示出来达到一对多的识别。经典的人脸识别算法包括主成分分析、线性判别分析等。[②] 主成分分析是一种统计分析方法，它能最大限度地保留人脸图像的关键信息，并对多维人脸信息进行降维处理。主成分分析算法流程，如图 2-7 所示。

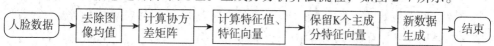

图 2-7 主成分分析算法流程

2.4.2.3 用户数据库

人脸识别系统最重要的资源就是用户的基本信息，构建完整合理的用户信息数据库是人脸识别考勤系统能够安全稳定运行的核心。

（1）数据库构建。在数据库设计阶段，要认真进行系统的需求分析，为了有效地提高数据的查询、更新和传输速度，一般要按照以下原则进行数据库的设计。[③]

首先，数据库表中数据字段类型的选择要有一定的扩展性，按照需求分析阶段的设计，将现实语义转化为数据库关系表。

其次，数据库表名的设计要突出语义特点，做到一看就明白。

① 罗子朦.基于空间转换网络的人脸对齐 [D].北京：北京邮电大学，2019：26.
② 钱一琛.基于生成对抗的人脸正面化生成 [D].北京：北京邮电大学，2019：19.
③ 张其帆.基于人脸识别的课堂考勤系统的设计与实现 [D].重庆：重庆师范大学，2019：14.

最后，数据库表的字段不仅要设计合理，还要注意后期软件功能的可扩展性，同时要选择合理的字段作为关键字主码，设置合理的索引。

（2）数据表设计。实验室考勤系统将用到的数据表有教师基本信息表、学生基本信息表、实验课程信息表、考勤信息表和后台管理员信息表。顾名思义，实验室实体信息存储在实验室表中；用户考勤的原始信息存储于考勤记录表中，并可以在相应的数据库中添加或删除相应的视图和逻辑代码，用于对某一类型、某一项的具体信息进行分析统计。

（3）数据采集和关联。人脸识别考勤系统中用户的基本信息可以通过学校门户网站统一数据接口进行对接下载，所有用户以学号或者工号为唯一的身份代码，因为学号或工号是数据库系统中的主键，是数据表中字段唯一的标记，通过学号或者工号都可以关联查找到该人的人脸特征值。

（4）数据安全性。数据安全是高校师生信息安全的重要组成部分。教师和学生使用他们的工号 / 学号作为账户名，登录账户后与其相关的各种信息都会出现，但是实验室考勤管理系统不会收集身份证号码、银行卡号码、手机号码等重要个人信息，以免用户隐私信息泄露，给不法分子以可乘之机。用户的密码设置可以根据一定的规则进行初始化，按照规则设定后使用 MD5 / MD4 多次加密，然后存储在数据库中，密码的安全性在很大程度上得到了保证。通过相关算法计算特征值，特征值以 BLOB 的形式存储在数据库中，使用正则表达式屏蔽和保护涉及重要 SQL 操作的查询和操作。数据库安装在校园网专用服务器中，只有通过校园网认证的用户才能拥有访问数据库的权限，这样就提高了数据库的安全性。

2.4.2.4 实验室考勤管理

实验者进入实验室前，需要经过实验室人脸识别装置，人脸识别装置通过摄像头获取用户人脸信息，人脸识别系统将获取的用户信息进行编码处理，从图像信息中提取特征值，设置阈值（0.7 ～ 1）作为可信度阈值，然后与人脸数据库中的众多人脸特征值进行相似度比对检索，得到相似度系数最高的结果，如果相似度低于可信度阈值就证明用户为非法用户，如果高于可信度阈值就证明系统存在该用户信息，然后将检索识别成功数据写入考勤信息表，这样就完成了一次考勤的登记工作。

（1）用户身份验证。人脸识别系统进行识别的过程其实就是对用户身份进行验证的过程，如果人脸系统数据库中存储了实验者信息，就能成功地识别，否则肯定识别失败，所以人脸识别系统在运行前首先要对用户进行身份验证，以提高实验室管理的安全性。

（2）多角色管理。实验室管理系统可以分为三级角色管理，分别为实验室主管部门角色、院系实验室管理角色、实验用户角色。每个管理角色对实验室考勤管理系统拥有不同的使用权限，这样就能使管理系统中的数据实现分类管理，增加数据库的安全性。

（3）高效考勤。该考勤系统可以在一定程度上避免代签的问题，能够准确确认用户身份，实现一脸一签到。利用活体检测技术，可以避免有人使用提前准备好的照片和视频，进一步提高了实验室考勤的安全性。考勤时间精确到毫秒，签到流程和用户操作流程大大简化，用户只需要在设备前进行人脸识别，就可以在 1～2s 内完成签到，不再需要管理人员长期值班，大大节省了成本。如果考勤设备出现故障，后台可以远程进行故障的解决。下面是几种常见的考勤方式的比较，如表 2-5 所示。

表2-5　几种考勤方式对比表

考勤实现	设备（硬件）成本	用时 /s	优点	缺点	综合性能
传统纸质签到	低	3～5	无	效率低、易代签、统计费力	低
指纹签到	高	1～2	安全、可靠，不易代签	指纹变动性大、稳定性低	较高
IC 卡签到	高	2～3	快捷	易代签，此卡易损坏、丢失	较低
人脸识别签到	较高	1～2	高效、快捷、防代签	特征提取和比对费时较高	高

在高校实验室的管理过程中，存在着一些难题，如代签到、用户身份难以确定等。由于实验室智能考勤管理系统是基于人脸识别技术的，所以可以有效避免用户敏感信息的采集，管理人员的工作量大大减少，也能够大幅降低管理工作成本。

2.5 高校实验室队伍管理模式

2.5.1 高校实验室队伍的组成

目前，我国高校实验室队伍主要由实验室教师、实验室技术人员和实验室管理人员三部分组成，即从事实验教学的教师，为教学、科学研究提供技术支持的实验技术人员或者负责开发、操作、维护仪器设备的专业技术人员和熟练工人，以及实验室管理人员负责实验室日常设备管理、服务管理或后勤人员管理的实验室人员。

高校实验室是学校教学实践和师生科学研究的重要基地，实验室建设和管理水平将直接影响高校人才培养质量和科研成果产出级别。除了先进的设备资源和完善的管理体系外，实验室建设水平的高低还取决于是否拥有一支人员结构合理、专业技能一流的实验教学队伍。高校实验室作为培养人才的重要基地，既承担着科研任务，又具有服务社会的属性。尤其是在科技快速发展和全球化的背景下，一流实验基地的建设和一流人才的培养显得尤为重要。

2.5.2 建立以平台为依托的实验室队伍整体建设管理模式

实验室一般分为教学平台、科研平台和公共服务平台三种类型，这三种类型所承担的任务各有不同。教学型实验室侧重于人才培养，进行实验项目设计，建设相应的功能平台，进而构建功能完善的教学实验中心；科研型实验室主要是为了满足学科建设和重大项目的需求，进行科学研究；公共服务型实验室具有跨学科的特点，主要满足公共性、多学科性的共同需求。

平台建设以规模化、专业化、梯队化为发展目标，实验室团队强调统一建设和管理，避免分散，并建立一支稳定高效的实验室队伍，以满足教学科研发展的需要，一般采用分类管理、多元化发展的团队模式。根据岗位职责的特点以及工作的具体要求，设置相应的岗位，如实验教学岗位注重教学，实验技术岗位侧重技术管理，教学科研岗位注重科学研究，不同的岗位也有全日制和兼职制的区分，整体由实验室主任负责。专任教师作为学校的高层次人才，也可以参与实验室的建设和管理。此外，实验室还可以引入一批高层次的青年教师加入实验室教师队伍，优化团队结构，提高团队水平，如图 2-8 所示。

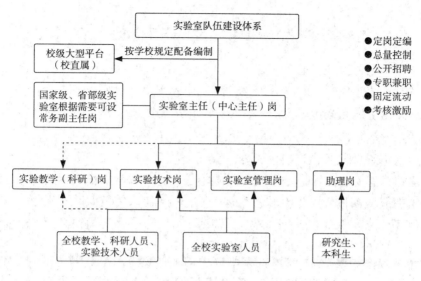

图 2-8　实验室队伍整体建设

2.5.3　建立一套良性循环的"全过程"实验室队伍管理模式

实验室队伍管理应主要做好四个方面的工作，即选人、用人、育人、留人，设计一套职业准入制度。在选人方面，要在竞争中选优，明确晋升途径，做好"入门"管理，对队伍人员进行分类，根据个人的特点灵活选择适合的岗位，提供政策支持；在用人方面，要以人为本，学习为基，鼓励员工参加业务培训和学习；在培训方面，做好目标管理，制定明确的薪酬制度，多劳多得，优劳优酬；在考试方面，全程实行激励机制，拓展实验室人员的专业发展空间，提高认同感，形成可升可降、可出可入的实验室团队人事管理体系，具体如图 2-9 所示。

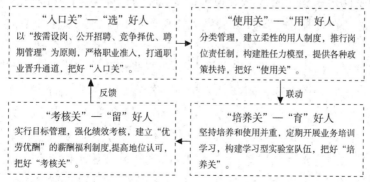

图 2-9　"全过程"实验室队伍管理模式

2.5.4 构建以绩效为核心的实验室队伍评价模式

学校津贴制度改革在绩效考核的基础上，确定了"两级管理、自主分配、责酬一致、绩效导向"的指导思想，规划加入实验室教师队伍建设，两者同步设计，津贴考核和调拨要合理，核拨办法也要相应改革。考核分为绩效考核和岗位绩效考核两部分。

在人员管理上实行"岗位明确、责任一致"，对员工工作要科学评价，保证人员的合理流动。无论是在教研团队还是实验室团队中都要明确责任，使全体员工都能发挥作用，根据学校发展的核心贡献确定绩效考核，全面、稳定、有序地从身份管理向岗位管理转变，调动学校引人、用人的积极性，激发学校的活力，调动各类在职人员的主观能动性。

2.5.5 建立激励和约束相结合的实验室队伍建设和管理模式

激励是使组织成员产生和增强为实现组织目标而努力工作的动力的管理活动，在实验室队伍建设中就是通过引导，使实验室人员愉快、主动、创造性地工作。约束是为防止和减少组织成员偏离组织目标而损害组织利益的行为和迫使管理成员努力工作的管理活动，即要求实验室人员尽职尽责、努力地工作。

激励和约束相辅相成，缺一不可。只有两者合理搭配才能形成科学、规范的实验室队伍建设和管理机制。许多高校已通过激励机制和约束机制促进实验室队伍建设，如清华大学通过举办培训班、宣传先进人物、提高待遇，以及设立实验技术成果奖、大型设备使用效益奖、优秀实验室和资产管理工作者奖励等方式，促进实验室队伍建设，已经取得了较好的效果。

实验室队伍建设可首先选择以人事制度改革为突破口，主要以职称评定、岗位设置和考核为抓手，结合实验室人员工作的特点，采取更加务实、有效的人事评、聘、考核制度，使实验室工作人员安心于实验室建设和管理工作，并有工作成就感，以进一步激发其工作热情和敬业精神。例如，根据实验室人员的不同工作内容，改变原来对所有人按同一标准，以考核课时、论文、科研情况为主的考核模式，对不同岗位采用不同的考核标准，主要考核实际工作业绩，更要看实验室人员对实验室建设和管理所做的工作，对实验教学的实际贡献，以及在仪器设备开放、维护、新功能开发等方面的工作成效。

除此之外，依照应用型大学实验室的建设和管理的需求，采用引进和提高相结合的方式，流动编制和固定编制相互组合在一起，不但保持了队伍的相对稳定，而且让实验室队伍实现了动态化的管理。引进人员包括企业或研究机构中熟悉仪器设备使用和管理、实践能力强的工程技术人员、毕业生、兼职教师、助管、助教、助研研究生等。他们部分为实验室固定编制，部分是流动编制。他们的加入不仅能加强实验室队伍建设，还可引起鲶鱼效应，解决实验室队伍目前数量不足、整体素质偏低、群体活力不足等积弊。

提高主要指实验室原有人员的学习、培训和提高。学校鼓励实验室人员在职学习、提高，主管部门为其创造培训、交流的机会，形成制度化的培训考核、业务交流制度，鼓励并尊重实验室队伍的合理流动。通过这些激励和约束措施，在实验室队伍建设过程中营造人尽其才、不甘落后、与时俱进的工作氛围，激发他们以学校发展为己任的工作责任感和进取心，推动高校实验室建设和管理水平的不断提高。

第 3 章 高校实验室信息与数据管理模式创新

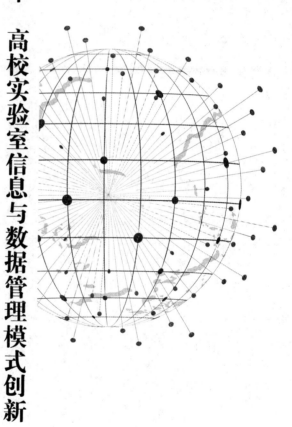

3.1 高校实验室信息管理系统设计

3.1.1 高校实验室信息管理系统平台建设

3.1.1.1 基于云计算和物联网技术的实验中心管理平台

实验中心管理平台是建立在物联网技术和云计算基础上的，具体架构为三层应用模型，如图 3-1 所示。通过三层应用模型架构可以将实验室仪器设备、操作过程和实验环境的各类数据，通过物联网的终端采集设备进行收集并集中管理。利用物联网技术建设的实验中心管理平台，主要是为了对不同实验室的建设进行统一管理，利用数据库的数据字段制定实验室统一的数据标准。这样通过统一的数据标准可以实现实验室各类仪器设备和外部环境的数据参数的互联互通。实验中心管理平台的主要功能有以下几个部分：第一部分，基于云计算和物联网技术的实验中心管理平台可以为师生和实验室工作管理人员提供一个交流互动的空间，使其实时掌握实验室的动态；第二部分，管理平台制定实验室各项数据的统一标准，通过开发的接口可以使所有实验室利用智能终端实现数据的统一管理，实现实验室管理的信息化、科学化、智能化；第三部分，实验中心管理平台可以将物联网终端采集的数据存储到数据库中，并利用大数据技术对实验室运行的各类数据进行分类统计、数据清洗和数据挖掘，从实验室数据的分析中找到实验室运行的规律，从而为更加高效地管理实验室提供强有力的数据支撑。

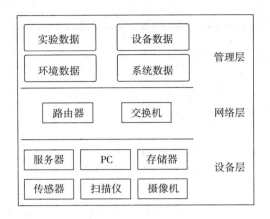

图 3-1 实验中心管理平台基本结构

通过实验中心管理平台可以连接所有的实验室，平台主要为三层架构：上层为管理层，主要负责应用软件的运行；中层为网络层，主要负责网络数据的通信；底层为设备层，主要负责实验室各类数据的采集。

设备层主要包括建设实验管理平台要用到的各类硬件设备。建设实验中心管理平台要配置服务器和存储器设备、物联网终端设备、计算机设备、多媒体设备、监控设备、门禁识别设备、传感器设备等。这些设备主要是进行实验室管理数据的采集、识别、传输、控制、统计分析和运行计算，为实验室实现智能化管理提供强有力的底层数据支撑，是整个系统的根基和关键。

网络层的主要功能是将设备层采集到的实验室各类管理数据信息进行网络互联和传输，用到的设备有路由器、交换机、无线设备和 4G/5G 网络等。通过网络设备将实验室智能终端设备与管理平台运行的服务器进行连接，实现管理平台与实验室终端设备的网络通信，保证实验室管理的实施和稳定。

管理层主要将实验室管理平台中各类应用软件进行集成和管理，也可以理解为利用软件应用实现实验室的信息管理。管理层的功能是将设备层采集到的实验数据、设备数据、环境数据、系统数据等进行科学的统计分析，并根据实验室管理规范设置管理流程，利用软件发布操控指令对实验室中的智能终端进行自动化管理，管理层功能的发挥可以使实验室的管理更加便捷。

3.1.1.2 实验中心管理平台功能

实验中心管理平台的主要功能是让实验室管理实现信息化、科学化和智能化。在实验室建设中，通过管理平台生成各种底层数据标准，通过统一的接口纳入平台上统计各种实验室的设备数据，进行统一分析，给学校实验室管理机构和实验室在管理决策上提供数据支撑。实验中心管理平台的主要目的是采集、处理、统计和分析实验室中的各种运行数据，根据平台对数据的整理和展示表现实验室的各种情况，其中包括下面四种功能，具体如图 3-2 所示。

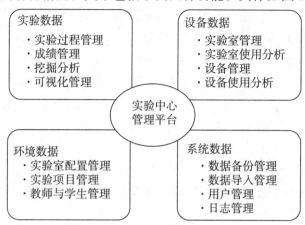

图 3-2　实验中心管理平台的功能

实验数据处理，它的主要功能是分析和整理实验室收集的各类实验数据。这些数据主要通过实验室终端进行采集，将学生进行实验的实验名称、实验地点、实验时间、实验内容和实验过程、考勤情况、设备运行情况进行综合的数据处理，利用大数据技术对数据进行清洗挖掘，再利用深度学习和人工智能技术对学生的作业、考勤和实验数据进行预测和仿真，得到学生的综合实验成绩并可视化在实验管理平台上。

设备数据管理，其功能为检测实验室设备的管理和使用，检测在某个时间段内实验室各种终端设备的运行状况，将实验室中的各类设备运行数据进行分析，通过采集的设备运行的数据指标，判断设备的运行稳定性。如果设备的运行指标发生异常，管理平台将实时发出警报，实验室工作人员将即时启动应急预案及时进行处理。

环境数据管理，其功能为对实验室中人和物进行管理，包括实验室人的行为，做了什么实验、怎么做的实验、实验结果如何，实验室设备配置情况等。它负责将实验室所有实验项目进行统计管理，分析出实验教师指导了哪些实验项目，学生在校期间都做了什么样的课程实验，实验室都提供给了哪些教师和学生进行实验，可以使实验室所有实验项目的详细运行情况以图表的形式，按照时间或空间的顺序可视化在实验室管理系统上，让实验室管理人员对实验项目分类数据一目了然。

系统数据管理，指的是为了保证系统的安全运作而进行的各种数据的备份、导入、日志管理和用户管理等。

综合上面的内容，为了培养应用型、创新型人才，实验教学是高校教学的重点，实践教学可以充分辅助课堂教学，培养学生的动手能力，实验室建设在其中起到了至关重要的作用。实验室管理平台是实现实验室管理信息化、科学化、智能化的必备条件，它将实验室内所有的信息都收集存储在数据库中，再利用大数据、人工智能技术对数据进行加工和处理，为实验室管理提供了强有力的数据辅助，它能大大降低实验室管理人员的工作量，提高实验室管理的效率，让实验室更加高效稳定地运行。

3.1.2　实验室信息管理系统的设计

3.1.2.1　系统开发相关技术

目前，业界开发的主流的应用系统有很多，应用在企业级中的还是以 Java 的各类开发框架为主，因为它是一类跨平台性的开发语言，这使得它在中大型应用中被广泛使用。Java 开发平台根据应用需求的不同可以进行如下分类：J2SE（Java 2 Platform Standard Edition），是用于 PC 开发的，J2EE（Java 2 Platform Enterprise Edition），是用于企业应用的，J2ME（Java 2 Platform Micro Edition），是用于电子设备和嵌入设备的。[①] 实验室管理平台主要是针对 PC 端应用和移动端 App 应用来设计的，所以可以利用 J2EE 和 J2ME 的相关技术进行开发。

J2ME 是 Sun 公司推出的开发式平台，主要是进行嵌入式系统、移动端 App 应用产品的开发，[②] 利用该技术可以为实验室的嵌入式终端设备进行应用的定制开发。它可以使嵌入式设备实现规范化的统一数据接口，提高嵌入式设备的通用性和易用性。J2ME 开发平台的开发环境由各类简表、Java 虚拟机和基本配置构成，上层开发环境在主机操作系统的支撑下进行稳定运行，其具体结构，如图 3-3 所示。

---

① 邓子云，张赐 .JSP 网络编程从基础到实践（第 1 版）[M]. 北京：电子工业出版社，2005：3-13.

② 刘斌，丁璇，庞晖，等 .J2ME 手机开发入门 [M]. 北京：人民邮电出版社，2006：32-48.

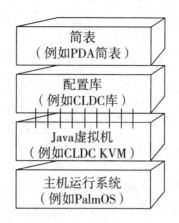

图 3-3　J2ME 层次结构

　　J2EE 是一组规范化操作，是目前主流的企业级分布式应用系统开发平台。该开发平台的体系结构大致分为三层。第一层为客户端层，用来实现与用户进行交互的开发，目前客户端有 C/S 和 B/S 访问模式，但是实验室管理平台最好使用 B/S 模式进行开发，因为它可以实现平台无关性，只要系统有浏览器就可以利用 Web 服务进行数据的管理。第二层为服务端组件层，它的功能是利用 Java 的 Web 技术响应客户端提交的请求，并进行业务逻辑的实现与封装。第三层为企业信息系统层，它的主要功能是利用 J2EE 提供的数据库驱动组件实现平台与数据库系统和文件系统的数据交互。J2EE 开发平台还能有效进行实验室管理平台组件模型的开发，而且可将实验室功能的业务逻辑进行模块化设计，使各功能组件实现相互的独立运行，同时还可将功能组件进行重用开发，具体如图 3-4 所示。

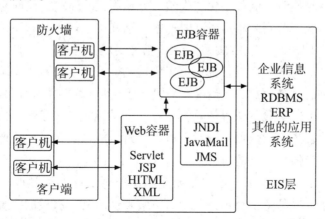

图 3-4　J2EE 应用程序平台结构

3.1.2.2 系统整体设计

系统整体设计的目的是利用信息化的管理手段，合理利用实验室资源。该系统的设计思路是，在计算机客户端访问服务器资源的同时，还可以利用手机客户端 App 应用获取资源，并且通过手机客户端操作实验室管理平台更加简单和方便，使实验室管理的系统用户能够随时掌握实验室的相关动态信息。

3.1.2.3 系统功能设计

第一，实验室管理主控端功能设计。实验室管理系统的任务是利用信息化手段实现实验教学的智能化管理，系统的功能模块可以分为实验室管理模块、系统管理模块、学生信息管理模块、教师信息管理模块、实验排课管理模块、平台消息管理模块和实验教学资源管理模块，具体如表 3-1 所示。

表3-1　系统功能模块

实验室信息管理系统						
系统管理	实验室管理	教师管理	学生管理	排课管理	教学资源管理工科	消息管理

系统管理模块：该模块的主要功能是设置用户权限，可以实现超级管理员、实验室管理员、教师和学生不同角色身份的认证与管理，同时可以自定义用户的特殊操作权限；还有一个功能是对管理平台的数据库进行维护，可以对数据库进行备份，还可以自动设置数据库备份的时间，由系统自行执行，这样当数据库发生故障时，能最小化损失地对数据库进行恢复；同时它还拥有系统日志的记录功能，遇到问题可以随时回顾，这样可以增加管理系统的安全性。

实验室管理模块：该模块的主要功能是实现实验室所有资产的信息化管理，每个实验室的每一件设备都是可以管理的资产，点击每个实验室图标可以显示该实验室的设备数量、软硬件配置情况、可以安排的实验课程、实验室最大实验人员容量、实验室课程信息统计等，就是说通过该模块可以查询到实验室基本信息状态和运行数据；同时还可以通过该模块实现教育部要求的每年进行的实验室教育信息数据的统计。

教师信息管理模块：该模块主要是利用教师身份对所教课程和学生进行有效的管理，以教师身份登录系统，可以清晰地看到所教授的实验课程和班级以及学生的基本信息。教师可以在平台上发布实验通知，还可以为学生的实验过程进行在线评分，实验设备的故障可以在平台上提交维修申请。

学生信息管理模块：学生以学号信息登录系统后，可以查看自己的实验课程的安排计划表，还可以接收到教师发布的实验通知，在平台上提交电子版实验报告，如果对实验有疑问可以在平台上与教师进行在线互动交流，同时也可以利用手机 App 应用程序随时随地进行实验课程的学习。

实验排课管理模块：该模块主要对接学校教务管理系统的课程排课，将全校实验课排课学习实时更新到实验室管理系统，实验室排课要以教务管理系统中全校排课为依据，在此基础上对实验室排课进行调整。如果某位教师想申请实验室进行科学研究，那么前提是实验室没有被全校性课程占用，在教务管理系统排课的空闲实验室进行申请，这样就能避免申请实验在时间和地点上发生冲突。

实验教学资源管理模块：该模块主要功能是将实验教学资源库提供给学生在线学习，教学资源库包含实验教学视频、实验软件、实验安全在线学习系统、实验指导书、经典实验案例、实验报告等电子资源，学生通过平台可以进行下载或在线学习。

平台消息管理模块：该模块的功能主要是让管理人员、教师、学生进行消息互动，实验室管理人员可以给教师或者学生发消息提醒实验的时间和地点，教师可以在平台上给学生发布实验预习和作业消息，学生通过移动客户端能实时接收到平台发布的消息，实现实时的互联互通。

第二，手机客户端设计。手机客户端连接模块通过和服务器相连，接收服务器所发送的消息；然后手机客户端再通过网络与服务器进行通信，将客户端信息返回到服务器。HTTP 协议是一个无状态连接协议，服务器为了知道 HTTP 请求是谁发送过来的，需要在手机客户端增加一个线程和服务器保持连接，如服务器发送的是自己的消息，就要马上进行响应处理。在设计手机 App 应用程序的时候，主要是考虑到使用的便捷、消息推送的及时，让师生能随时了解实验动态，将实验室管理平台中的实验消息实时显示在手机 App 应用中。

3.1.2.4 手机客户端的使用

目前，手机已经成为学生学习社交的主要工具，开发手机 App 客户端应用是一种潮流，手机客户端主要是实现消息的收发和实验过程的实时查询。学生通过手机 App 登录实验室管理系统，可以随时接收教师发布的通知消息，还可以随时查看实验课程的时间、地点。每次实验课程的前一天，系统都会提前发布实验的项目、时间和地点，学生可以根据 App 的实时信息推送服务及时为实验做准备。同时，学生还可以利用 App 在实验室管理系统的预约平台进行实验的自主申请，申请成功后系统会推送消息给 App，提示预约成功。手机客户端的设计原则就是要实现实验室信息的便捷推送，让师生能在第一时间掌握实验室的最新消息。

将手机客户端应用到实验室的信息管理系统，在很大程度上改变了传统管理系统的缺点，将移动通信应用到实验室管理中，方便师生随时了解实验室的情况，能很好地促进实验室的教学，提高工作效率，减轻实验室管理员的压力。经测试成功后，能够有效保证系统的性能稳定，满足实验室实验教学的需要，让实验室能够更好地运行。

3.2　高校实验室信息可视化管理

3.2.1　信息可视化技术

信息可视化指的是非空间数据的可视化。网络和社会信息化的使用，加大了信息源的数量，我们不但要存储、检索、传输大量数据，而且需要对数据间的相互关系和发展趋势加以了解，清楚数据间的相关性和未来的发展方向。人们可通过可视化技术了解数据和数据之间的关系和今后的发展方向。现代的数据可视化（Data Visualization）技术指的是通过计算机图形管理学和图像成形技术在屏幕上显示数据，以图形或图像的方式进行交互处理，并实施交互处理的技术、方法和理论，因为它和计算机的图形学、图像处理计算机视觉、计算机的辅助设计以及人机交互技术等有关。

数据是用曲线、图像、三维体和动画等来表示的，并以模式和关系的相互性实行可视化分析。信息的可视化不但可以通过图像表现非空间数据的多维化，让用户对数据的含义理解得更深刻，还能用形象而直观的图像指引用户的检索过程，加快检索的速度。美国伊利诺伊大学学者托马斯（Thomas）说，信息可视化发展有效解决了信息资源间的对话。图 3-6 是卡德（Card）等提出的信息可视化参考模型。

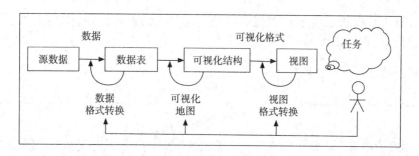

图 3-6　信息可视化参考模型

在这个模型中，不管是原始数据还是人，都需要经历很多的数据变换。图中从左到右的每个箭头都表示变换。从人到每个变换（从右到左）的箭头，都表明用户在操作中要调整这些变换。数据变换是把原始的数据变成数据表（数据的相关描述）；可视化映射是把数据表变成可视化结构（如结合了空间基、图形属性和标记的结构）；视图变换是指用缩放的图形、位置的定义和剪辑等完成图形参数的可视化结构；通过用户的交互作用把握变换的参数，如在某个数据范围内进行视图的约束，或改变其属性等，可视化和它们的控制最终是为任务服务的。信息可视化所要解决的问题是完成上述参考模型的变换、映射和交互控制。信息可视化技术和地理信息技术不同，其根据地理属性的信息实行地图化、可视化的操作，然后依照相关条件分析和制作专题图，可以更清晰地看到各种信息和分析结果。

3.2.2　可视化技术在实验室资源管理系统中的应用

信息可视化技术任何时候都能在图上显示出实验资源，能为实验室管理者提供信息，让他们能够随时掌握实验室信息。一般是实验室的管理员根据实验课程的不同填写实验等级表，并及时把实验设备的使用情况发送给控制中心，再通过信息可视化技术进行实时的显示。这样不但可以了解整个实验设备的使用状况，还能对实验室的资源利用有一个整体感观，便于合理使用实验室设备，为实验室工作的调配提供好的方式。

3.2.2.1　实验室资源

这里所说的实验室资源主要是指实验楼、实验设备、实验室等。通过计算机对这些资源实施管理，可形成数据信息，但这些数据信息往往是孤立的、分散的。实验室的可视化资源管理系统可以对这些实验室的资源信息数据进行提炼、分类、变换、映射，挖掘这些数据间存在的关系，并以图像的方式直观地反映出来，如表 3-2 所示。

表3-2　实验室资源

实验楼		
实验楼编号	实验楼名称	实验室数量
实验楼 n	理化实验室	m
实验室				
实验室编号	实验室名称	实验设备数量	使用情况	教学或科研
实验室 n	计算机组成原理实验室	m	在用	教学
实验设备					
设备编号	设备名称	适用课程	面向对象	使用情况	所属实验室
设备 n	微型计算机	计算机相关课程	计算机专业本科生	在用	实验室 m

3.2.2.2 系统体系结构

从实验室的资源情况出发，设计实验室的资源可视化管理系统结构，具体如图 3-7 所示。

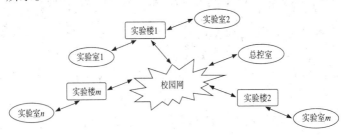

图 3-7　系统体系结构图

3.2.2.3 系统功能模块

按照实验室的设备资源使用和管理情况，设计出系统的框架结构，具体的系统功能模块图，如图 3-8 所示。

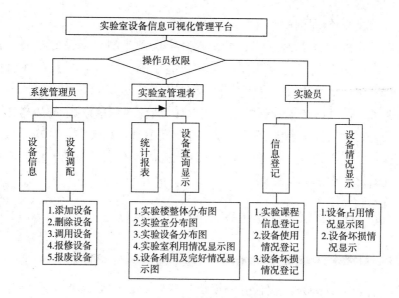

图 3-8　系统功能模块图

3.3　高校实验室数据采集管理模式

3.3.1　高校实验室自动化数据采集技术

自动化数据采集能够在智能实验室的管理中发挥具体的作用。这样的方式主要表现在传递模式、信息的处理方式上，而自动化数据的采集方式很少，有时甚至没有。在信息时代背景下，实验室的管理是以信息化和智能化的发展作为目标的，不只是受信息交互的效果影响，实验数据的采集也起到了很大的作用。① 比如，实验数据采用"手工作业"的方式来完成，会对实验室数据的客观性和有效性产生影响，还会影响实验数据的真实性和时效性，进而对实验室管理中的信息化发展和实验室工作的有效性产生影响。"手工记录"会受到"人为因素"的影响，使实验数据不是很精准，记录的指标也不是很全面。新时期采用自动化标准采集数据，所以建立在实际需求的基础上进行创新和拓展，把多种仪器都应用于实验中，有效提高实验的效率，从而让数据更加具有

---

① 黄皓青，彭文玉，魏忠，等.实验室实时数据智能管理系统创建及可视化[J].实验室研究与探索，2014(8)：127-133.

时效性、客观性和可操作性。

在实验室的智能管理中，如果没有采用自动化的数据采集技术，既不能弱化自己的构思，也不能完成信息化和智能化的合理配置，其合理输出更是不能顺利完成。也就是说，在实验室的信息化和智能化管理中，要加强实践的探索和创新，研究出自动数据的采集技术在智能实验室管理中的最佳方式，让自动化采集数据的技术能够有效融合在智能实验管理系统中。这样不但能够保障管理不会受到人为因素的干扰，同时还能有效提高实验室的管理性能和时效性，让数据显得更加真实有效。

3.3.2 智慧实验室自动化数据采集的优化方向

3.3.2.1 智慧实验室管理系统

智慧实验室管理系统包括五个模块：资源管理、实验室管理、用户管理、物联管理和数据设置，具体如图 3-9 所示。为了使系统能够顺利进行，要保证每个模块都能够完成自己的任务，相互之间能够配合好。①

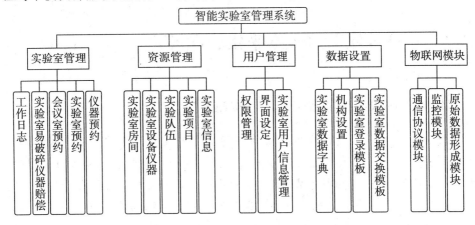

图 3-9　智慧实验室管理系统功能模块

3.3.2.2 自动化数据采集实现的三种方式

在智慧实验室管理系统中，不同实验数据的采集工作一般是采用分项方式完成的，并对原始检测和实验后所得到的数据进行分析，最后在终端设备中

---

① 焦阳，王聘，李守宏．基于 ZigBee 物联网的智能计算机实验室管理系统 [J]．电大理工，2016(3)：25-27．

输出数据。① 现阶段，自动化数据的采集是在原始数据的模块、通信协议模块和数据自动处理模块的基础上建立起来的，② 具体分为三种。

一是建立通信协议模块。在检测仪器时，为了让其能够进行数据的输出，并且在系统中加入数据的收发模块，就要改造其传统的输出接口。通过数据收发模块，能够更快、更准确地完成对数据的监控，并且在终端显示器中输出数据，使检测人员所提供的数据更加客观而准确。而输出数据模块不但具有数据信息输送的功能，而且能实时进行传输。通过通信系统协议模块，给数据信息的交互提供一个保证，可以让数据的采集实现自动化，还可以间接减少人为因素的影响。

二是原始数据形成模块。一般是指原始记录、检测、跟踪检测到相关的实验数据，这个模块是数据自动化采集的基础。以原始数据形成模块，把采集后的数据输送到系统的单元中，负责对其进行计算，减少中间环节，降低误差。

三是数据自动处理模块。这个模块是实验室集合传输数据的终端模块，主要是为了把检验方法变成计算机可识别的语言，给自动化数据的采集提供技术上的支持，和自动计算出的检验报告相结合，得出数据信息技术所显示的终端结果。

3.3.2.3 优化方向

在实验室的信息化和智能化发展中，不能只注意信息处理方式和信息传递方式，还要和先进的科学技术和具体的项目相结合不断研究和创新，形成实验室中实验信息采集的自动化模式。实验数据的信息采集采用的是自动模式，这种方式要求合理配置各种实验仪器，并对实验设备的信息采集模块进行整合，其中智慧实验室的管理系统采用自动化数据采集，发展方向如下。

用智能检测技术的运作模式替代单独使用的仪器设备，提高数据的传递速度，降低数据的误差，在系统中引入数据的收发装置，建立数据的通信连接方式。这样在对自动化数据的采集进行优化的过程中，还能有效提高自动化数据的有效性和客观性。数据信息的采集系统建立后，能对实验数据实行自动加工、分组、整理、比对和处理等。这样有利于实验数据的信息自动化储存和采

---

① 高雪，房少军，钟华华，等.基于无源 UHF RFID 实验室设备管理系统的天线布局设计 [J].大连海事大学学报，2017(4)：112-116.

② 郝静鹏.云平台下实验室数据库资源负载优化控制仿真 [J].计算机仿真，2017(7)：391-394，421.

集。智能实验室的系统管理运作，不需要人工采集和输入数据，要避免受到人为主观因素的干扰。也就是说，要想提高实验室的工作效率，就要强化实验数据的可操作性和客观性。

3.3.2.4 关键技术

自动化数据采集不但能提高智慧实验室的管理效率，而且能让实验室管理朝着智能化、信息化的方向发展，从而满足社会发展的要求。但是，在智能实验室的管理系统自动化采集数据的过程中，一般要建立"双库"，即指标库和方法库。[①] 方法库是以原始实验数据作为服务对象收集并整理数据；而指标库是对收集到的实验数据进行分门别类，和信息特征相结合并把它归纳到相对应的模块中。[②] 要想实现实验数据的统一操作，在设计指标库的时候，要建立一个对外接口，以实现数据的共享，为系统中的其他实验模块提供一个具有可操作性的、科学的数据信息支持，保证系统的完整性。[③]

3.4 高校实验室数据分析管理

3.4.1 基于大数据决策分析系统的高校实验室数据存储方式

高校实验室是建立在大数据的决策分析系统上的，其数据大部分来自最原始的数据，并且对这些数据进行整合，然后慢慢地抽取、装载、转化并使这些数据形成支撑层，再对这些数据实行挖掘分析，构建成决策层。最后，再对实验室中的大数据决策分析系统中的数据进行存储，这样的存储方式分为三种：关系数据库的存储、多维数据基础上的存储和虚拟化存储。

3.4.1.1 基于关系数据库的存储方式

这种存储方式是在数据库的存储数据基础上建立起来的，数据存储于关系型数据库表中，通过元数据管理模式储存数据并进行管理，对数据进行分析、支持其决策的操作。这种存储方式是在数据库的基础上通过下面的步骤抽

---

① 魏志军，杨云峰．智能综合实验室管理系统设计[J]．现代电子技术，2018(24)：90-93，97．

② 喻晗，刘威．实验室管理系统的设计与实现[J]．电子设计工程，2017(1)：1-5．

③ 钟仙．实验室管理信息系统的设计与实现[D]．成都：电子科技大学，2018：32．

取数据：先是在图形化的操作界面上对关系数据库中的数据进行选择性操作，然后建立和定义多维度的数据模型，接着对业务系统中的数据进行加工、清洗、汇总和整合，而不只是从关系数据库中通过特定程序抽取某个维度的数据，使大数据的系统决策分析得到进一步保障，便于高校实验室整体数据的统一。综合上述情况，以关系数据库存储方式为基础所建立起来的存储方式要求对各学校实验室的各项实验系统中的原始数据进行整合，这能够为特有的统计、分析、查询和决策提供数据支持，便于管理层统计并分析某个时期的历史数据。

3.4.1.2　基于多维度的数据集存储方式

与基于关系数据库的存储方式不同，基于多维度的数据集存储方式通过数据立方体的方式实现对数据的存储、多维显示和组织；通过在线联机分析处理组织数据。基于多维度的数据集存储方式存储的是多维数组结构文件，而且必须保证不同的维度索引和数据的管理文件以及数据一一对应。另外，这种数据存储方式将数据之间的二维关系拓展至多维数据的立方体，即采用"多维数据集"的方式进行数据存储。数据属性即维度，属性值即度量。总而言之，"多维数据集"就是以数据立方体为基础，进行切片（Slicing）、上卷（Rolling-up）、旋转（Turning）、下钻（Drilling-down）和切块（Dicing）等操作。

3.4.1.3　基于虚拟化的数据存储方式

目前，通过虚拟化的方式存储数据的方法主要包括两类：一类是整合实验室内外部相关结构化的和非结构化的数据，并将其集中到一个数据存储平台上，形成单独的一个数据存储资源池，从而统一化管理存储基础设施，共享数据资源、回收存储容量、高效利用存储空间，另外这种存储方式还能够提高存储设施的利用率，提高存储基础设施容量的效率，为基于大数据的决策系统的分析提供支持；还有一类是从逻辑到整合，即所有的系统数据没有被存储在决策分析系统专门的存储空间中，而是统一分布于各实验系统的数据库中，为决策分析系统提供数据接口，形成针对性的维度视图，以满足系统不同的需求，另外在业务系统数据中，决策分析系统临时提取其所需要的数据，来完成不同维度的数据分析。这种存储方式简单、成本低，但是最不好的地方就是要求业务系统数据的规范性要高，同时具备良好的完备性。该系统的数据模型要与决策分析系统的多维数据模型保持一定程度的相似性。

3.4.2　基于大数据高校实验室决策分析系统的层次结构

一般来说，高校决策具有一定的关联性，针对此需求，要先转换、清洗、抽取各种信息和数据，并将其装载到数据仓库，随后进行数据挖掘。大数据基础上的实验室决策分析系统应该分为三层，分别是数据层、支撑层和决策层，具体如图 3-10 所示。

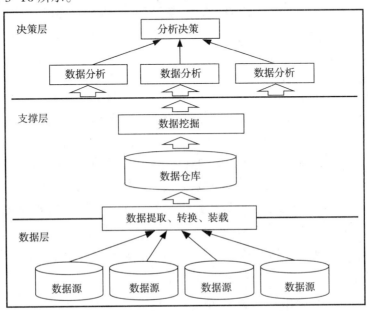

图 3-10　基于大数据的高校实验室决策分析系统层次结构

3.4.2.1　数据层

数据层是整个决策系统的数据仓库的基础，从位置上来说它位于分析决策系统最下面一层。数据层是由各项实验数据组成的，内部数据有实验室内的各种应用系统的数据库、数据中心的各种备份数据库和存档等。外部数据源包括实验室实验内容之外的各种数据库和数据资源，包括实验室的往期管理数据、环境记录数据、人员流动数据等和实验室管理相关的具体实验内容以外的数据资源，形成了一个覆盖很多内容而且存储时间较长的数据仓库，这能够给实验室决策提供海量数据支持。

3.4.2.2　支撑层

支撑层能够为决策层访问数据层提供数据基础，从而使量化决策需求的目标得以实现。支撑层将来自各种数据源的数据进行收集、抽取、分类、转换后，将其装载至数据仓库，以此实现对数据源的统一管理。另外，支撑层还能够为决策层的各种应用提供标准接口，为主体构造粒度更高的数据集合物，形成多维视图，便于决策层多角度分析和使用。

3.4.2.3　决策层

通用和主题平台这两大平台组成了决策层。其中，通用平台提供模型的一些简单分析和所使用的数据挖掘方法，表达在一般情况下的决策需求上的不稳定性。这样看来，应用分析系统就不需要专门建立，决策支持系统的通用性得到了很大程度的提高，灵活性也越来越强。如果决策需求相对来说较为稳定且复杂，那么主题平台要能够及时从数据仓库中抽取相关数据，快速建立数据集市，形成分析系统面向不同的主题。

3.4.3　基于大数据的分析决策系统的实现

在以大数据为基础建设高校分析决策系统时，要以实验室管理专家积累管理知识为总体思想，而不需要考虑数据源中的数据是否具备结构化。将管理知识转化成计算机能够识别并且可以存储的信息，收集、抽取、分类、清洗数据，然后进行转换，将转换后的信息以新的方式进行组合，并将其以元数据的方式存储于数据仓库中，以此为基础建立面向通用和主题的分析平台，从而为多维度统计分析提供技术支持，便于不同层次的决策者根据分析结果作出决策。总而言之，基于大数据的实验室分析决策系统由数据收集、数据源、数据挖掘等部分构成，具体如图 3-11 所示。

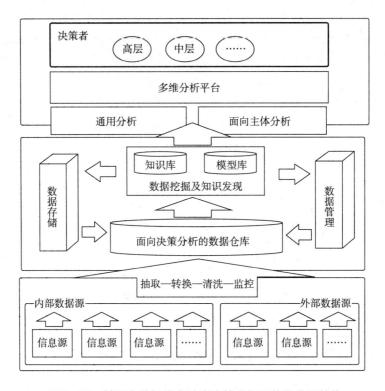

图 3-11　基于大数据的实验室决策分析系统的体系结构

3.4.3.1 数据源

数据源指的是实验室中每项实验项目的结构化和非结构化数据，如实验室的人员出入信息、实验项目的管理信息、学生信息、实验材料信息等。这些数据可以是从关系数据库来的，也可以是从非数据库来的。非结构化数据来源于实验室支持决策系统，能够获取、分类、转换并清洗教学管理信息，并将转换后的信息存储于数据仓库，为决策系统提供数据基础，方便日后查看。

3.4.3.2 数据收集、抽取、分类、清洗、转换

该步骤是为了整理好所有的数据源，并把在一定程度上会对决策分析造成影响的数据转换成系统的数据格式；而数据清洗是在保持数据统一性的基础上，将冗余数据进行删减，并且监视数据源数据是否改变。一旦发生改变，需对其进行抽取、分类、转换、清洗等工作，及时更新并扩充决策系统中的数据。

3.4.3.3 *数据存储及数据管理*

此步骤针对的数据是数据仓库中与高校决策相关的重要数据，既包括结构化数据，又包括非结构化数据。支撑层的知识库中保存了较多实验教育法规以及学生管理规定等知识，模型库中存储了较多系统处理以及运行模型、数据仓库的数据等。这些数据能够为决策分析提供数据基础。在管理方式上，这些数据都是通过元数据的方式进行管理的，从而保证了数据仓库工作的一致性，并且能够整合数据信息。

3.4.3.4 *数据挖掘及知识发现*

该步骤结合了多门学科知识和算法，如机器学习、知识处理、神经网络等传统算法和计算智能（模糊集、遗传算法）以及数据库等，找到数据仓库中大数据的背后规律和数据之间的相关性，对面向主题的信息进行提取并进行分析，给管理层提供管理依据。

3.4.3.5 *决策分析*

面向主题和面向通用的分析平台组成了决策层。高校在推进实验室教学方案的改革时，往往存在管理需求不确定的问题。为解决这一困扰，面向通用的分析平台需要提供一些简单的分析模型，同时提供一些常用的数据挖掘方法，从而为管理层决策的作出提供参考。如果学校的战略需求相对来说比较稳定，高校可以将面向主题的数据从数据库中抽取出来建成数据集市，开发为面向主题的分析平台。面向通用和面向主题的两大分析平台的开发建设便于决策者进行多维度分析，从而制订适合实验室的战略决策和管理决策。

3.5　高校实验室信息统计数据处理管理

3.5.1　高校实验室信息化统计是工作发展必然趋势

目前高校实验室参与方较多，如普通高等院校以及其他高等院校，实验项目多、工作人员多。同时，实验过程中也会涉及各方面工作产生的数据量庞大的工作内容报表。这就导致目前高校实验室的信息统计工作十分复杂且涉及范围广泛。因此，利用 Excel 处理好统计工作是十分必要的。但需要引起重视的是，各种信息数据表之间是有某种关系的，而且逻辑关系也较严谨，所以鉴于高校的实验室统计信息工作量大，内容复杂，高校的发展过程离不开信息化建设。

在收集并统计基础数据时，必须要保障数据的正确性以及做好数据收纳工作。针对此现状，要加强对高校实验室工作环节的探索力度，同时完善工作制度建设过程，加强分工协调合作，加快相关工作人员的培训节奏。在信息化管理系统的实践研究过程中发现，该系统能够在很大程度上保证工作的完成度，而且效果也较为理想。

在信息数据的整理过程中，采取计算机文本阅读的方式向上提交能够满足信息化网络报送系统的需求，在 Excel 的基础上更严格地规定高校实验室中的每个段落的数据信息，要求它里面的格式和内容都要满足网报系统需求，避免出现错误，保证网络报送系统检测的有效性。完成上报细节，一旦出现错误，就增加了数据的信息报送的难度，也在无意间为高校实验室的信息统计数据工作增加了难度。

与电子表格或是 Word（.doc）等文本格式相比，txt 的阅读性较低，加大了工作人员手工编辑的难度，为纠错工作造成了困难。因此，在实际的数据信息运用中要注意满足网络报送系统要求，形成的数据要具有有效性，这是 Excel 报表能够成功报送的关键因素。专用软件能够对网络报送环节进行专业化处理，促进网络报送环节的顺利完成。不过，这需要相关工作人员具备更强的工作能力。

3.5.2　高校实验室信息化管理工作的现状

各大高校的 Excel 的信息化数据管理水平因为高校教育文化水准的不同而不同。简而言之，不同高等院校实验室信息化管理发展不均衡。在我国，各个高校实验室信息的统计工作力度都比较强，也取得了很大的进展，但是各大高校间信息不同，高校间实验室信息化管理水平参差不齐。一些高校建立了专门的信息管理系统，且管理体系相对成熟，而有的高等院校发展较慢，信息化数据管理系统还不是很健全，还一直沿用过去的手工化管理方式。

而且在每个高等院校里，信息化管理系统与实验室的硬件设备的发展不协调。在这种情况下，虽然 Excel 的应用和普及促进了高校开发并创新了硬件设备，但相关教学资源系统相对落后，使高校管理系统不够完善。

3.5.2.1　搭建高等院校实验室信息化管理平台

高校在进行信息统计过程中，可以搭建信息化管理平台，使"信息孤岛"

的问题得到有效解决，还能够在一定程度上促进高校实验管理水平和能力的提高。问题在于，市场上相关产品不多，因此高校要根据自身实际情况对管理平台进行专属制定。在对管理平台进行制定的过程中需留意一些问题，如根据高等院校的信息化建设，需不断加大管理平台的使用范围，但是这项工作难度较高，因而专业的综合院校管理平台并不多见。

3.5.2.2 开发辅助高等院校实验室信息化专用软件

该步骤能够发展综合管理平台，而且专用软件能够使平台的使用更加专业。然而，目前相关软件只停留在理论阶段，即只能收集并整理基础信息，数据整理要依靠专门的工作人员来完成，软件只能核对数据信息。因此，这种信息没有实质意义。

3.5.2.3 实验室专用软件

在高校实验室信息数据统计中利用软件，能够在真正意义上完成教育部的工作部署和工作的具体内容，并完成网络报送环节，所以在高校实验室中要贯彻落实好实验室的信息数据，有效通过实验室的专用软件对方案进行调整、完善和升级，从而促进实验室自动完成信息数据统计工作，完善新的指标体系。

3.5.2.4 Excel

目前，很多高校通过 Excel 软件管理高校数据信息，通过网络报送系统实行检测，再利用各种软件转换网络报送数据的信息格式，最终满足网络报送系统的需求。利用 Excel 对数据进行管理和报送不需要工作人员具备较强的专业能力，同时管理结果也不会因高校发展水平的不同而出现较大差异，因而这种方式在高校进行实验室信息数据统计时应用较为普遍，可以在不同层面上对信息的规范化收集进行整理，所以对这类报表数据提出相关要求，通过这样的方法能够整理和收集信息。

3.5.3　Excel 信息数据具体处理方法

3.5.3.1 对基础数据信息进行维护

该步骤需要以统计数据后为标准进行 Excel 表格的制作，精确定制表格中各个单元格的文本格式，以数据基本标准为依据输入、更新并优化信息。整个过程中最主要的是在转换数据之前要对基础性的数据进行严格把控，因为完成数据信息的正确转换是以有效维护好基础数据为基础的。

3.5.3.2 对数据文本格式进行有效转换

完成高校数据信息的统计工作后，要通过 Excel 把不同的文本数据转换成符合要求长度的文本数据格式。具体操作方式如下：利用单元格转换公式，保留数值的最后两位小数，然后通过行转换公式，在运算符的作用下完成行转换。

3.5.3.3 在信息数据统计中构建转换模板

高校实验室信息统计数据网络报送系统中的每个报表在 Excel 模式下，都能构建一个由表头、公式和数据等为主的专门转换模板，转换模板中 50% 是从另列到第三单元格，在这一单元格中以转换模板为基础完成公式的转换。

3.5.3.4 对文件格式进行有效转换

将整理好的数据信息输入数据区，促进 Excel 公式到列的转换。只有 txt 形式的文件才能够满足报送条件。具体操作如下：首先，建立 Excel 文件夹；其次，在公式区复制列进行转换；最后，把结果粘贴到新建文件夹中，以 txt 形式进行保存。这样才能够满足高校实验室信息统计工作的要求。

3.5.3.5 检测纠错

通过单机版的方式对最终形成的 txt 文件进行数据统计结果的检测，并进行纠错。在检查纠错的过程中，如出现数据错误或者数据的输入方式不够规范，屏幕上会出现错误提示，相关工作人员可以根据提示修改格式后重新上报。

3.5.3.6 报送

最终上报完成后，打开校园网站，输入高校的账户和密码，纠正错误后再以 txt 形式进行上传，最后生成压缩包。

3.5.4 智慧实验室信息管理平台的设想

现阶段高校实验室数据上报一般用资产管理系统进行各院系初步统计，学校在汇总后通过教育部数据上报平台进行导入。现在可以利用 Excel 数据统计，然后利用智慧实验室信息管理平台直接生成符合教育部数据平台要求的数据。这样既可以节约上传导入的时间，也可以减少中间烦琐的程序，而且实验数据的使用和查询也非常方便，对于实验室信息管理是一种创新的发展，也更加系统化、体系化，能够更好地为实验、科研服务。这也是智慧校园建设中针对实验室管理模式的一种新的尝试，是未来实验室的发展趋势，可以使高校实验室的建设更加智能化，实验室的管理也更加科学化。

第 4 章 高校实验室安全管理模式创新与实践

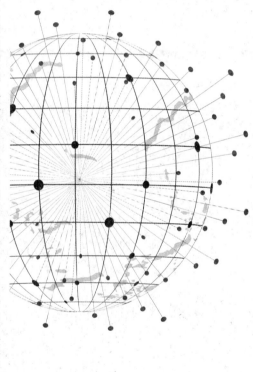

4.1 高校实验室安全准入管理

4.1.1 实验室安全准入平台建设

实验室安全准入平台建设是在虚拟仿真技术的基础上建立起来的，该平台的建设有三大原则，一是情景体验，二是系统学习，三是信息共享。在这三大原则的基础上，构建智能化、立体化的学校系统，组建结果和过程遵循双轨道的准入认证系统方式，显现出 3D 仿真技术的特征。开发实验室的安全培训、准入认证和考核平台可以建立在 3D 技术的基础上。高校实验室安全准入系统由学生用户登录模块、实验室安全准入认证模块、实验室虚拟仿真系统模块、平台系统后台管理四个模块组成，其架构如图 4-1 所示。

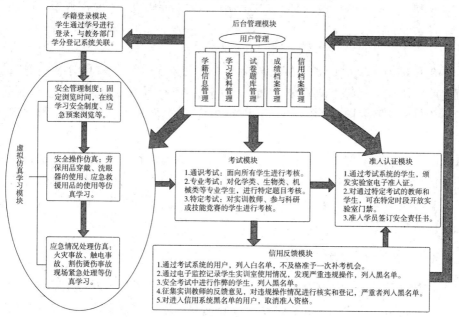

图 4-1　实验室安全准入平台架构

4.1.1.1 学生登录

此模块能够收集并认证学生信息，为实验室安全进入平台提供了基础。学生在登录系统时，需要输入学号、填写相关信息，并完成照片上传工作。上述步骤完成后，系统可以根据学校教务管理系统平台，将教务管理系统的学生信息自动导入实验室安全准入平台，实现学生登录实验室平台的无缝对接。

4.1.1.2 虚拟仿真实验

虚拟仿真学习模块负责对安全知识系统进行学习和组织等，形成了实验室进入平台组成部分中的最主要的内容。该模块主要由以下几个系统组成：实验室安全操作仿真系统、实验室在线安全自主学习系统、实验室安全考试系统和实验室应急管理仿真系统。

4.1.1.3 实验室安全制度管理

实验室安全管理制度的制定主要是根据不同实验室建立符合实际的安全管理方案，除了实验室基本的运行管理制度外，还包括实验室的安全制度、应急预案等，相关人员可以通过浏览电子书或者通过视频的方式进行学习。

4.1.1.4 安全操作

在真实的实验室场景下进行模拟学习即为安全操作仿真设计。在模拟学习之前，学生务必提前弄清楚实验室的安全设施有哪些、安全环境怎么样等。还要学习灭火器的使用方法，知道在消防楼道里如何逃生，清楚应急救援用品如何使用等。另外，在做有安全风险的实验时，学生还要根据虚拟仿真平台的操作弄明白实验真实场景的操作流程，实验药品的实验方法和回收方法；实验结束后，学生还可以针对生物类、辐射类等特定操作场景进行体验和学习。这类场景的风险性较强，让学生在实验前就知晓特定操作场景，在一定程度上有利于保障学生安全。

4.1.1.5 紧急情况处理学习

该模块是针对实验室中的风险点进行实验的，可以利用虚拟现实技术，让学生在虚拟仿真平台上进行真实风险点的现场体验。学生违反操作规范后可能会导致紧急情况的发生，一般情况下，主要的应急预案有实验室火警警报拉响的应急预案、实验室突然停电停水的应急预案、实验室危化物品的处置不当预案等。其中，突发停电停水的应急处置是意外事故的阻止和秩序的维护等；火灾事故的应急处置包括火灾的扑救、灾情报告、应急疏散和烧伤急救处理模式等；危化品的紧急情况主要可能集中发生在化学实验、放射性实验和生物实验上，针对这类实验的紧急情况处理学习主要有实验室的化学品泄漏、危险目标和危险种类识别、火灾处理、人员的疏散等。

4.1.1.6 考试考核

考试模块是由三大模块组成的：一是专业考试，二是通识考试，三是特定考试。该模块主要是对学生的学习效果进行检验，其具体操作流程如下：学生登录账号后，进行后台识别，通过后管理员出题，学生随机抽取考试卷完成测试，汇总之后考核成绩进入后台管理。通常情况下，考试形式有两种：一种是题库考试，题型主要为选择题；另一种是仿真考试，即采用场景虚拟的方式，综合考核学生的安全操作等。通识类考试是全部学生都要完成的，而其余两类考试需要相关专业的学生来完成。有些学生和教师往往需要进行特定考试考核，以满足科研或技能竞赛的需求，通过这类考试的学生和教师能够在课后使用实验室。

4.1.1.7 准入认证

学生考试通过后可以进行准入认证，准入认证模块与学校的门禁系统以及教务系统连接，有利于共享信息，同时便于信息管理。学生通过考试后，会获得实验室准入电子凭证，计入学分中，并记录在册。而通过特定考试的所有人员经核实后，会获得更高级别的准入证以及实验室的使用权限。

需要注意的是，学生准入认证中需要签订安全承诺书。专业不同，安全承诺条款也随之不同，学生对条款没有异议后可以点击"确定"并完成签名。安全承诺书管理体系为三级准入责任体系，即承诺书在后台归档后，实现二级领导签字通过模式，首先由学院负责实验室安全的领导审核，审核通过的信息会转入到学校负责实验室管理的职能部门审批，签署的承诺书最后经过实验室工作人员检查并进行准入认证。

4.1.1.8 信用反馈模块

该模块是对实验安全的整体过程进行保证的，它能够记录准入人员的安全行为并生成信用档案保存到后台，系统可对实验安全的全程进行动态管理。具体流程如下。

首先，系统中有一个白名单账户，所有通过考试的人员名单都记录在此账户中并获得初步准入权限；系统中还设置有重修名单，记录那些补考及格的学生；另外还设置有黑名单，记录考试作弊的学生。其次，学生在实验室的操作可以被电子监控器监测到，如果监测到违规操作，该学生会被记录到黑名单；此外，实验教师如果认为学生经常存在违规操作，该学生同样会被记入黑名单。凡是进入黑名单的学生，都将失去实验室准入资格，并且取消该门课程的学分。

4.1.1.9 后台管理系统

后台管理系统主要功能有：实验过程信息管理、学生信息管理、成绩档案管理、试卷题库管理等，能够为实验室的安全准入平台提供相关指导，并且对于其他模块的工作有着统领的作用。后台管理模块实行痕迹化的管理方式，能够通过大数据集成形成考试试卷，针对学生实际情况分配学习资料，建立学生的档案库，对学生备案信息进行动态调整。后台管理设置分为一级管理员、二级管理员以及三级管理员三个级别的管理权限，其中三级管理员是实验室中的具体管理员，主要负责学习模块开放、信用信息登记；通常情况下，二级管理员负责整个部门，能够设立并修改用户的学习资料和考试组织等；一级管理员是学校实验室的主管部门的领导，其拥有所有的权限。

4.1.2 实验室安全准入平台的实施效果

实验室的安全准入平台的实施在广大师生中引起了很大的反响，并且得到了很多师生的认可。

首先，安全准入平台能够增强学生安全培训的体验，使培训效果得以加强。该平台利用了多种现代技术，如多媒体、虚拟现实、人机交互、网络通信等，将抽象的安全操作理论用生动具体的动画方式表达出来，增强了立体感，而且更加逼真，这有利于培训的安全进行。这种方式能够模拟危险性实验的操作，减少真实情景下危险情况的发生。

其次，安全准入平台可以使安全教育的趣味性得到增强，并且能够在教学时实现互动。该平台将 VR 硬件设备和 3D 虚拟现实仿真软件结合起来进行教学，学生可以在头戴式显示设备的辅助下将听觉、视觉集中到虚拟场景中，从而产生真实感，这种培训方式使学生思维得以扩展，同时使教学的趣味性得以增强。

再次，安全准入平台可以使安全教育更加多元化并且标准化。该平台通过标准化的教案和程序化的教学组织，对生物类、通识类、机械类和辐射类等安全知识进行培训，将考核和学习纳入程序中进行，便于系统自动掌握学生学习情况，而不是对教师的培训方式产生依赖。

最后，实验室安全准入平台可以使实验室的安全管理被共享，而且其管理是动态化的。该平台能够与学校门禁系统、学分系统和监控系统进行对接，形成数据库以共享信息。动态化管理是通过在信用管理模块建立实验人员的安全动态模式来实现的。

4.1.3　实验室危险因素评估及安全准入管理

4.1.3.1　实验室危险因素

只要是导致实验室范围内随时会发生危险的因素都可被称为实验室危险因素，[①] 对危险因素进行管理是实验室准入管理的基本要求，而不同的实验室可以根据实际情况采取不同的措施进行安全防范。实验室要根据危险因素进行动态性和差异性的安全培训和考试。目前，高校实验室危险因素有以下方面：[②]

（1）水源、电源、耗材、仪器设备。

（2）危险化学品（易燃易爆化学药品、易制毒易爆化学药品、麻醉药品、常见危险化学药品、剧毒药品）。

（3）实验室特种仪器实验设备（钢瓶、烘箱、高压灭菌锅、机械起重设备、马弗炉、冰箱、辐射类仪器设备、激光装置、贵重仪器设备等）。

（4）实验室废弃物（废气、废液、废物等）。

（5）生物实验室安全风险。

其中，实验室的水源、仪器、电源、耗材等是各实验室的共同危险因素，各专业实验室的特有风险因素包括危险化学物品、实验室危险废弃物品、生物实验室安全风险、实验室特种仪器实验设备等。

4.1.3.2　实验室安全准入管理探索

相关人员要想进入实验室，必须获得准入证。准入证制度在一定程度上能够将专业知识不够或者缺失安全素养的人排除在外。[③] 准入管理是对实验室的工作人员和实验用低值易耗品进行安全管理，所以说该模块最好与安全虚拟仿真、安全在线学习、在线考核、实验室人员信息数据、仪器设备出入库管理

---

① 陈双平，许兴友，徐国想，等 . 化学实验室危险有害因素分析与对策 [J]. 化工时刊，2008，22(12)：75-77.

② 陈晶晶 . 高校实验室安全管理评价体系的研究 [D]. 上海：华东理工大学，2013：37.

③ 杜奕，陈定江，杨睿，等 . 化学实验室准入制度的建立与实施 [J]. 实验技术与管理，2015，32(10)：221-223，231.

模块进行无缝连接。这就要求该模块严密防范，实行人性化管理，还要保证所制定的制度能够完全做到。实验室的安全准入管理是由安全模拟、安全培训①、门禁授权②、安全考试等组成的。

首先，实验室安全培训是重点。实验室安全管理小组成立之后，实验室负责安全的专业技术人员要对所有在实验室进行实践和科研任务的师生进行实验安全教育，将实验室的安全培训教育融入教学和科研，这时实验室安全培训的重要性是需要着重注意的。在安全培训中，要注意抓培训重点，遵循"益、易、精"的原则。安全培训课程设立要有针对性，每个实验室的危险要素不同，培训课程也会有所差异。一般情况下，实验室安全培训重点由以下几个部分组成：实验仪器设备操作安全、危化品使用安全、水电气安全、生物实验室安全等，具体课程内容在表4-1中进行阐释。实验室安全培训根据风险点特点的差异，按照一级模式、二级模式和重点模式分级进行培训。一级模式培训的重点是，进行实验室基本安全培训以及遇到危险的基本自救方法；二级模式培训的重点是，实验室生物安全、实验室危化品安全、医学实验室安全培训等，实验室安全培训中要注意危险源的辨别和分析。安全培训不只是从形式来说的，实际培训过程中，要真实模拟实验室场景，规范操作，避免安全事故的发生。安全培训认证取决于安全模拟是否通过。实验室安全模拟是对实验室安全培训工作的补充，是对培训结果的证明。对参加实验的实验者来说，通过安全模拟也很有教育意义。

表4-1　实验室安全培训和实验室安全考试分类表

性质	实验室危险因素	实验室安全培训	实验室安全考试
共有危险源	电源水源仪器设备耗材	一级培训（用电、用水安全、实验室一般规范操作、普通废弃物处理）	基础类专全考试（实验室安全知识、电气安全、消防安全、废弃物处置等）
		二级培训（不同实验室类别，不同危险因素）	专业类安全考试（医学、化工安全考试）

---

① 吴莹.高校实验室安全准入制度的信息化建设探索与研究 [J].科技经济导刊，2016(7)：132.

② 张健.高校实验室安全准入制度的探索与实践 [J].科技信息，2013，28(13)：133-134.

续　表

性质	实验室危险因素	实验室安全培训	实验室安全考试
特有危险源	危险化学品	危险化学品安全使用（剧毒品、麻醉品、爆炸品）	危险化学品使用安全考试
	特殊仪器设备	特殊设备使用安全	特殊仪器设备使用安全考试
	生物致病因子	高危生物安宝	生物安全考试
	危险废弃物	危险废弃物处置培训	危险化学品、生物安全考试

其次，实验室安全准入必备条件是通过安全考试。在实验室安全准入系统中，师生先通过安全自学系统进行课前学习，然后通过实验室安全考试后方能进行现场实验。目前，各大高校都构建了安全考试系统[①]，但系统所选取的题目在网上一搜就能搜到，甚至出现了学生一边搜索"百度"一边答题的现象，一次没有通过能够再做一次，直到合格就可以了，完全是一个形式化的流程。为了使这一现象得以改善，可以分类分级管理系统题库。例如，按照危险因素的类别同时结合培训等级进行分类，可将题库分为专业类、基础类和选修类。其中，专业类题库内容主要包括"生物实验室安全知识""医学实验室安全知识""化工实验室安全知识"等，实验室的试剂、仪器等由于专业的不同而不尽相同，针对这个特征，需要分别选择专业类的不同考试题目来作答；基础类题库是由"电气安全常识""消防安全常识""实验室安全常识""事故应急处理常识"和"个人防护救护"等相关内容构成；选修类题库是涉及"危化品安全管理知识""特种设备安全知识""生物安全知识"等相关内容构成。这类内容对工作人员的实验素质和技能提出了较高的要求。在进行"生物安全知识"和"危化品安全管理知识"考试时，对于危险废弃物的处置方式要严格加以考核。学生通过安全考试后，可以获得实验室准入证，同时签订安全承诺书。

申请人进入系统，按照实验室的研究方向填写个人信息，然后进行"角色选择"。选择"一般人员"的申请人必须填写实验室名称。完成填写后，系统将组织特定的问题模块，如表4-1所示。考试题库模块通常包括"一般基

---

① 王世强，光翠娥，赵建新，等.高校实验室安全培训和考试系统开发和应用模式研究[J].实验室科学，2012，15(1)：198-201.

础题库"和"专业题目"。考生如果选择"高级管理人员",系统所分给考生的题目模块将更加全面,在"基础题库""专业题库"的基础上增加了"选修题库"。如果考生的实验室中有辐射类仪器、气瓶等设备,则进行的是"特种设备安全知识考核"等;如果考生所在实验室中有麻醉品、剧毒品等,则会进行"危化品管理知识考核";而如果考生实验室中的危险因素不多,大都是用水用电的安全,没有什么危险因素,那么选定的是人文社科实验室,会对基础知识进行安全考核。

再次,对于准入管理实现动态管理。实验室危险因素会随着实验研究内容和专业变化的改变而改变,对此需实现动态管理。比如,一个课题组在两年的时间中引入了比较多的新人,购置了更多的仪器设备,增加了更多的项目,发展也很快,危险因素也随之增加。从某种意义上来说,实验室中人员的准入管理发生变化后,危险要素也会随之变化。比如,如果增加了很多的危险化学品,就要着重对"危化品管理安全知识"进行培训和考核,只有通过考试,才可再次获取准入证。

最后,准入强制管理是保障。强制性有效保证了准入管理的顺利进行。实验室的准入管理制度需要结合门禁授权,这样才能保证准入证的实际运用效果。实验人员在获得实验室的准入证之前,要进行安全培训和模拟,并且顺利通过考核。现阶段高校实施的是校园一卡通,可以进行身份认证。结合准入证和门禁授权的方式,可以避免无证件人员的随意进出,减少安全事故的发生。

4.2 高校实验室安全检查管理

4.2.1 高校实验室安全检查联动机制的构建

4.2.1.1 实验室安全检查有很多问题有待解决

第一,实验室安全检查次数多,协调工作开展艰难。高校实验室正常情况下一年内会进行五次常规性检查。每次检查的时间间隔在三个月左右,低于三个月,则检查较频繁。高校在实验过程中一旦发生爆炸等事件,相关部门或机构会对该高校进行整改、检查、复查等,促使高校实验室加强安全检查力度。这就要求高校及时调整组织形式,达到各项检查的标准指标。

针对上面的情况,学校成立了实验室检查综合办公室,由各部门实验室安全管理员兼任组员，临时凑人数、搭班子，增强应对检查的能力；检查结束后，该队伍自动解散；如下达了新的检查任务就会再次组成临时检查队伍。这是现阶段高校常采取的安全管理模式。首先，此模式不仅会造成较多的人力和财力的消耗，而且人员在缺乏培训、素质参差不齐的情况下无法保证安全检查的专业性。其次，抽调人员的方式在安全检查的时候很难产生较强的凝聚力，无法准确查出安全问题，使安全检查流于形式。最后，每次安全检查后，需要及时上报整改方案、问题清单、经费投入、落实情况等，而学校的各级学院缺乏积极配合，甚至还为此闹情绪，导致安全检查经常出现少报、漏报或不报的情况，甚至安全隐患问题得不到及时整改。

第二，实验室安全检查指标多，最终效果不显著。教育部在 2016–2019 年多次下发通知，要求各高校根据《高等学校实验室安全检查项目表》（以下简称《检查表》）展开检查。《检查表》包括 11 大类 40 小类，共 235 个条款（2019 年又修改为 12 个一级指标、50 个二级指标和 151 个三级指标），内容包括责任体系、组织体系、安全教育、生物实验室安全、危化品实验室安全等。针对高校实验室安全工作的开展，《高等学校实验室安全检查项目表》提出了硬性的要求，覆盖范围广、涉及项目多、制定的标准精细。然而，《检查表》仍有以下弊端。首先，学校实验室的相关检查人员能力达不到要求，自查的时候不能如实反映问题，如实验室常出现电源私拉乱接等问题。这些问题由于容易辨别所以能够得到有效解决，但是一些专业性较强或者跨学科的问题，所表现出的特征是不易被察觉的，在自查队伍没有足够自查能力的情况下，不好辨别问题的出现，容易造成安全隐患。其次，学校组织督查往往会消耗过多的人力和物力。依据《检查表》的相关要求，实验室要对 200 多项内容进行安全检查，再加上学校的校区分散、实验室的数量多等，完成安全检查需要学校投入大量的人力和物力；并且检查人员还需要对检查结果进行统计和整理，最终汇总成报告，这就需要花费大量时间。最后，区域管理的特征很难形成优势互补。由于检查队伍的检查基本无法做到全面而深入。因此，在实际工作中，检查工作都以小组为单位进行。在这种情况下，如果某小组检查能力或者执行力度等不足，便会出现"少查"或"漏查"等问题，使检查流于形式，无法真正查出问题所在，不利于实验室的安全治理。

第三，实验室安全信息交流不及时，安全信息共享难度大。很多高校可以根据自身实际情况建立安全信息化系统，如实验室开发的实验室安全教育和考试系统等。与此同时，高校二级学院可以根据实际需要建立压力气瓶检测系统等与各专业相关的信息系统。最初，这些信息系统为及时掌握好实验人员的安全教育、准入动向、实验室的风险源状况和危化品的仓储流量流向等信息提供了技术支持。但是，目前部门之间由于信息不共享，给实验室的安全管理造成了难度。

①资源松散。在高校的信息化工作缺乏统筹规划的情况下，各下属部门开发出的都是适合自身的、相对独立的管理系统，这就造成了"数据孤岛""信息壁垒"等碎片化管理现象。[①] 对于职能部门的领导者来说，这给掌握全局造成了难度，而且使针对性检查工作不易完成。

②不能共享。由于不同实验室具有不同的检查项目和时间周期等，不同部门会根据具体情况采取不同的信息系统。在这种情况下，如果部门间的信息系统无法有效整合，那么定点、定人、定时、定向的检查就得不到基本保障。因此，检查和整改工作如何实现全方位性、精细化、多层次成为摆在大家面前的一个难题。

③难以溯源。很多高校在处理安全检查中的执行不力、记录不全、隐患问题很难落实等问题时，解决方法较为初级，基本依靠人工记录或者下发整改通知书的方式进行解决，没能很好地通过信息化表现现场的安全问题引发的原因、整改报告和防控措施等；并且统计和报送时，难免会发生延迟和遗漏的情况，因此安全管理的数据链缺乏完整性，一旦有安全事故发生，事故原因难以查明，相关责任也很难追究。[②]

4.2.1.2 实验室安全检查机制的构建

"联动"本来的意思是指很多相互联系的事物，在经历一个运动或变化后，其他的也跟着发生改变，即联合行动。而"机制"一词，其本意则表示机器自身的构造以及在工作中运转的基本原理。对机制的本意做适当扩充和延伸，并将其应用到其他领域，就产生了多种多样的机制。[③] 对于高校来说，校内的各部门之间要想保持良好、顺畅的沟通，做好工作间的协调和任务响应，确保学校管理效率，就需要建立相应的平台，并制定相应的操作、交流制度。

首先，从构建原则来看，需遵循三个原则。

①整体性原则。就现阶段高校在安全方面的管理行为和方式方法来看，

---

① 华起.高校内部治理碎片化困境及其突破：整体性视角 [J].科教导刊（中旬刊），2018(17)：24-26.

② 华起.高校内部治理碎片化困境及其突破：整体性视角 [J].科教导刊（中旬刊），2018(17)：24-26.

③ 吴海涛.突发事件区域应急联动机制的内涵与构建条件 [J].管理学刊，2011(2)：91-93.

其与传统的管理方式有着显著的不同,管理团队应更加专业化,组织体系应更加健全,岗位职责更加明确,信息资源更加丰富。需要注意的是,实验室安全检查机制和领导的统一联动框架的构建,都应当以遵循学校整体发展方向为基础,保证二者的协调统一,坚持整体性发展原则。

②效率性原则。要开展实验室安全检查工作,就需要多个部门的配合,从多个部门搜集资源,这会涉及人、物等;要保证工作的效率与质量,就需要各个部门在时间、工作方法等方面做好同步联动。而一个学校的资源是有限的,因而如何合理地配置和快速积极地作出响应至关重要。合理而有效地使用各种资源,既是效率的最佳原则的表现,也是要求学校不断降低资源成本的需求所在。

③协调性原则。单纯依靠某一部门的努力是无法保证安全检查工作的效率的,因而每个部门都需要充分发挥自身作用,发挥出整体的联动效应,解决实验室中安全检查不足等问题。除此之外,在实际检查过程中,各部门还需要严格操作,在日常管理中加强对相关人员操作技能的培养与提升,并积极给予合理的评价,以此促进各部门间的合作,促进工作的联动开展。这就要求学校在多元化发展的基础上统筹一切,两者都要兼顾,最终发挥出最大作用。①

其次,从构建思路来看,要从四个方面入手。

①加强组织领导,是统筹联动运行的核心。从管理职能的角度来看,可将高校的安全管理组织机构分为三个级别,其中职能最大的是学校,其次是实验室,最后是学院。在这三个级别中,学校对其他两个级别机构均有管理权,但其还需要由实验室牵头,与校办、科技处等部门负责人以及安全专家等共同合作,形成联动指挥组,对实验室的安全检查工作进行指导与监督。对于学院来说,其联动小组主要由上级部门实验室人员组成,他们在完成日常安全检查工作的同时,还需要将检查结果、工作中遇到的问题及时反馈给上级部门。而实验室在三个机构中发挥的作用主要是上传下达,它由实验中心主任、实验员和课题组负责人等组成。总之,各级管理者、责任人的权限和职能会通过网格化的形式固定下来。

②优化队伍结构,是执行联动运行的根本。重点是完成定向、定人、定点的任务路径和方法。先由学校组织在职能管理部门、二级学院和实验室的三级机构中,科学安置好不同的岗位,并明确岗位职责,选出各机构中的主要负责人,由他们带领各机构开展一系列安全检查工作。这些负责人的每一项决

---

① 梁海斌.新安全联动机制[J].华西医学,2010(8):1580-1581.

定和指令都可能对整个机构的工作结果和质量产生影响，因而应重点加强对这部分负责人的培训，使其认识到自身的重要性，并学会科学管理、组织工作开展。另外，安全检查工作的质量与检查技术有着更直接的关系，因而还需要培养专业的、高技术水平的检查人才，使他们成为安全检查小组的技术骨干。在实际工作中，对这些技术骨干的工作进行定期考核，并执行相应的奖惩，对于严重不合格的技术人员，应重新进行培训和考核，待合格后再让其参与技术工作，严格确保技术小组的质量。除此之外，学校还应当意识到退休教师、研究生等人员的重要性，充分发挥他们的辅助作用。可以安排他们轮岗工作，并进行专业知识的培训，从中选出优秀者参与到实验室安全检查工作中。这些人员能够促使安全隐患被及时发现，有利于降低安全事故发生的概率。

③实现资源整合，是推进联动运行的关键。在集中了人、财、物资源的基础上，高校要加强各种安全信息化系统管理上的整合，不但要消除"数据孤岛""信息壁垒"等碎片化方面的管理，还需要确保现有系统的功能得到最大限度的发挥，这是资源整合工作的重点，也是难点。在对资源进行整合的过程中，各部门间应积极共享资源，并对资源作出优化处理，以实现资源整合的最佳化。就现有系统来看，主要的数据库有 SQL、ORACLE、SYBASE 等，对资源数据进行整合则主要依靠集成平台，该平台可以对数据做更完整、更彻底的整合，这是目前最优的资源整合形式，[①] 能够帮助应用系统完成工作流引擎（Workflow Engine）的一致性，这是起决定性作用的，[②] 不断将角色、条件、分工上的差异传递给路由，进行整体方案的设计。在这个基础上，要形成一个和高校自身需求相适应的实验室安全检查管理平台，让各种实时信息在不同系统间实现兼容，在数据库之间实现互通有无。

④注重保障建设，是确保联动运行的基础。要实现安全检查联动平台的顺利运行，前提是保证终端等设备的科学配备，只有做好保障工作，才能实现联动运行的持续开展。对此，学校应配备完善的监控系统、人员准入新系统、危险源检测系统等，这对及时发现安全隐患、预防预警工作有着重大意义。[③]为避免相关人员工作懈怠，切实提高工作人员的责任感，需要建立完善的奖惩

① 刘洪.构建学生宿舍安全管理联动机制的探索：以安徽信息工程学院为例[J].科教导刊，2017(10)：170-171.

② 徐昂，成科扬.基于关系型数据库的 SQL 检索优化研究[J].电子设计工程，2019(11)：51-55.

③ 蒋溢，丁优，熊安萍.基于 EAI 消息平台的异构系统数据同步[J].计算机工程，2011(21)：52-54.

制度。通过对以往的工作观察和综合分析发现，很多人员未能很好地履行自身职责，如对线上平台的使用、信息报送、通知发布等，很多责任人没有浏览，甚至没有形成点对点的响应，没有发挥出联动作用，因而有必要制定相应的制度，对没有履行相应制度和职责的人员采取相应的处罚。另外，有些负责人依靠自身职责之便易无视制度，这很容易造成工作失误和不必要的损失。因此，还需要对责任人进行制度约束。

最后，是联动机制架构。上述内容阐述了保证实验室安全检查工作效率性、整体性和协调性的重要性。这些工作都完成后，学校还需要进一步优化实验室安全检查队伍的结构，完善条件，保证工作，并针对实际情况制定合适的安全评估机制，这些工作和机制共同构成了实验室的安全检查联动机制，具体框架如图 4-2 所示。

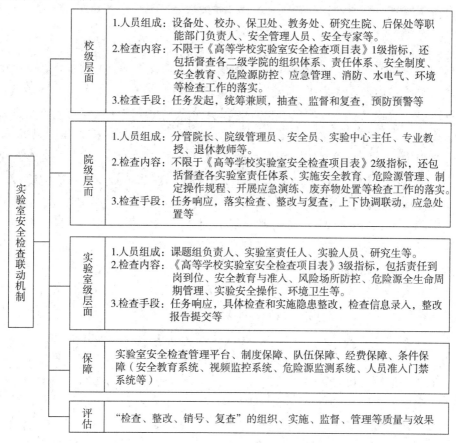

图 4-2　实验室安全检查联动机制架构

4.2.1.3 实验室安全检查联动机制的实现

实验室安全检查工作是一项系统性工作，工作流程较多，检查任务下发之后，需要责任人对下属人员工作进行安排部署，各部门、各级之间需要协调配合，共享资源；在检查任务完成过程中，还应当派专门的人员对检查工作做实时跟踪，将发现的问题及时反馈给上级部门。而上述工作都以信息化管理平台为基础，该平台能够促使实验室安全检查联动机制发挥出最大优势。

首先，平台功能的实现。通过在学校、实验室、学院三级安全管理中建立应用平台，每个用户都能根据平台的功能、类别、使用等特点，使其联动运行，相互间形成优势上的互补。以安全检查和隐患整改为例。

①现场检查。首先，平台系统会自动生成与实验室相对应的二维码，进行安全检查的人员在进入实验室前，需要扫描二维码进行账号注册与登录，当系统采集到个人信息后，人员才可进入实验室。其次，除了完成省级要求的对实验室的常规检查外，学校还会制订本校实验室的安全检查计划，尤其是在重大节日和假期前，都会例行做好安全检查。有些安全专项检查通知会通过平台下发，实验室负责人根据平台相应的程序端自行查看通知，并将检查结果录入平台，包括检查过程中的照片、检查时间、检查中发现的问题等。上级负责人和领导人接收到反馈信息后，会到现场进行复查，复查时同样需要扫码进入，并对实验室中存在的安全问题提出整改建议与指导。在日常工作中，校级管理部门也会通过平台对实验室的安全检查工作做现场督查或抽查，切实保障实验室安全检查工作的有效落实。

②隐患整改。当上级负责人和领导人对实验室安全检查工作漏洞提出整改建议后，实验室负责人应及时根据反馈建议列出整改计划，并在平台上选择匹配的模板，将整改报告上传。整改报告应包括整改工作中的图片、已解决的问题和未解决的问题，并指出未解决问题的原因，同时还应当在报告中标明针对此次安全隐患作出的临时性防范措施。当上级负责人查看整改报告后，会到实验室现场进行复查，如果在复查中再次发现整改存在不合格的地方，上级负责人会在平台上提交关于复查整改的处理文件。关于实验室安全防范整改情况，统计人员应当确保统计工作的全面性和多样性，以便其能向其他相关部门传达更全面、更有效的信息，从而便于他们作出正确的管理决策。另外，学校还会要求其他部门管理人员扫码进入实验室，对他们手中掌握的相关信息做现场检验和督察，如发现有不合格的现象，则责令其进行整改，并将对应的问题反馈给主管校长做进一步处置。

其次，平台运行具有三个特点。

①规范标准。根据教育部和国家相关法规的规定，安全检查标准要规范化，具有一定的完整性，包括实验室中的所有检查项目，而按照所提供的标准化模板，检查人员可直接勾选并进行拍照上传，尽量不发生漏检、少检等现象。

②闭环管理。因为每个检查人员在进入实验室前都需要进行扫码注册和登录，因而其所处实验室和进出实验室的时间都能在平台上显示，平台可以对责任人进行绑定；并且安全检查工作的检查、整改与复查等工作也需要在平台上提交报告和文件。因此，可以说实验室安全检查工作是一项闭环管理工作，能够有效提高检查报告信息传递的准确性和有效性，进而保证检查工作的质量。

③管理留痕。平台全程记录了学校、实验室、学院三级管理层是如何保存实验室安全检查的过程控制、资源调用、监控数据的监测等，保证联动过程的有效运作，做到管理留痕，可追溯整个过程。[①]

4.2.2　高校实验室安全检查管理措施

4.2.2.1 健全实验室安全管理制度，强化人人遵守安全标准的意识

针对高校实验室安全日常检查管理，在长期的实际工作中可以总结得出，如果实验室制定了相关的管理制度，那么实验室的安全检查管理工作基本能够有序、有效开展，实验室安全事故发生的概率也非常小；如果实验室没有制定配套的管理制度，则很容易出现安全隐患，甚至引发严重的安全事故。[②]因此，可以得出结论，针对高校实验室来讲，应当结合实验室的性质以及功能，制定合适的、科学的管理制度。举例来说，对于化学类实验室，安全管理制度中应包括易燃易爆化学品管理制度、有毒易挥发化学品管理制度；对于实验室用到的各种气体及钢瓶，还应当有相应的使用实验室安全实验培训管理制度，每年要按时检查相关制度。关于使用实验室的申请，不管是用于进行专业的科学研究实验，还是用于开展教学活动，也都应当制定相应的日常行为规范，使进入实验室的人员明确实验室的准入制度、仪器使用与管理制度、安全使用守则

---

① 汤啸天.运用区块链技术创新社会治理的思考[J].上海政法学院学报（法制论丛），2018(3)：67-75.

② 张杰，李华，寇昕丽，等.高校实验室危险化学品管理中的一些思考[J].高校实验室工作研究，2016(1)：55-58.

等，树立实验室安全意识，严格确保实验室的安全得到保障。

4.2.2.2 发挥"互联网+"智能化学习优势，强化实验室安全教育

科技在发展，时代在进步，实验室的安全管理也应当与时俱进。现如今是"互联网+"时代，互联网遍布各行各业，"互联网+"的出现给人们工作、学习、生活带来了巨大的便利，人们能够随时随地学习和使用。高校实验室安全管理工作应当充分发挥"互联网+"智能化学习优势，加强对相关人员的安全教育与培训。[①] 在高校，进出和使用实验室最多的是学生和教师。因此，在学生进入实验室前，应当对学生统一进行安全教育培训，这也是学生常规安全教育内容之一。学校常在每学期开学初对进行实验的学生开展实验室安全网络学习培训，通过网络平台安全测试的学生才能获得实验的准入许可。针对实验室安全信息化软件平台，应当根据学校实际定义软件功能模块，将人工智能技术融合到平台，力争使实验室安全测试平台更加智能化、人性化。测试系统中应当包括实验室消防、水电安全、仪器使用以及常规操作等多个板块。除此之外，针对特殊实验室的性质与特点，还应有实验动物安全板块、易燃易爆化品使用安全等板块。现如今，手机是每个学生的必需品，学校可以开发实验室安全教育手机 App，供学生随时随地学习。为了激发学生学习的积极性，学校还可以通过网络客户端开展实验室安全知识大赛，如实验室安全使用动画设计、视频演示大赛等。学生将参赛作品上传到网上，既可以分享自身成果，又可以相互交流学习。所有学生在进入实验室前都需要通过实验室安全知识考试，否则需要继续进行学习直至考试通过。

4.2.2.3 探索实验室安全检查常态机制，落实实验室安全文化活动

学校可构建"实验室—学院—学校"三级模式检查机制，通过三级检查机制增强师生在实验室进行实验操作的安全责任感。实验室安全检查主要由学院安全领导小组成员和实验室专业技术人员负责，每周执行检查；学院检查的工作是执行每月检查制度，其队伍组成包括学院行政副院长、学院安全员和办公室主任；学校检查是在开学初、放假前或进行季度检查，其队伍组成是分管校领导、安全工作经验丰富的专家等。安全文化建设对实验室安全管理工作也有很大的促进作用。因此，高校需要定期开展安全周、安全月等安全文化活动，活动内容和形式可以多种多样，如安全知识竞赛、实验室安全操作情景模拟、

---

① 赵阳.高校生命科学实验室安全管理探索与思考[J].实验室科学，2016，19(6)：233-235.

实验室安全使用宣讲等，并评比出优秀奖，对获奖的学生和指导教师给予一定的奖励。在这样的活动中，教师和学生的积极性都能够得到有效提高，学校实验室安全管理工作的水平也将相应提高，日后的安全检查工作能够顺利开展。

4.3　高校实验室危险化学品管理

4.3.1　基于物联网的实验室危险化学品管理系统设计

4.3.1.1　实验室危险化学品管理的现状分析

从安全管理的角度出发，实验室危险化学品的管理一直以来都是高校安全管理的重点，也是难点。但就现阶段来看，受到传统管理观念的影响，高校实验室危险化学品的管理还存在很多不足，如安全管理制度落后、设备老化、管理方式不科学等。这很难满足新时期高校实验室危险化学品管理的要求。

（1）管理队伍人手不足。虽然实验室危险化学品管理工作是高校安全管理工作的重难点，但是目前很多高校并没有设置专门的管理部门，也没有专业的、高水平的管理人员，仅有少部分高校设置了专门的实验室安全管理机构，但是专职管理人员人数有限。一些高校的实验室危险化学品管理人员是该校的学科教师，或者其他工作人员，他们对危险化学品的使用以及管理等工作了解得不够透彻，也无法付出全部精力管理危险化学品，这便导致高校实验室危险化学品管理队伍的人手不足、质量不高，管理人员很难细致、深入、专业地开展管理工作，[①] 和国外很多高校的人工管理模式相比还存在很大的差距。

（2）安全意识淡薄。近年来，高校逐步加大了对科研项目的重视，这在一定程度上提高了部分师生的实验室安全意识，但是仍然有很多师生安全意识非常淡薄，主要体现在：在采购实验室危险化学品时，没有严格按照采购要求购买，有些危险化学品已经过期却没有发现；危险化学品的储放条件恶劣、摆放位置不符合要求；实验室中的危险化学品废弃物没有得到正确处置；等等。

（3）安全管理方法老旧。很多高校实验室的危化品管理手段老旧落后，实验过程中的流程记录都是由实验者和实验室工作人员共同进行手工记录的，

---

① 张海峰，徐贺，闫荣富.高校实验室安全系统治理的研究与实践 [J].实验技术与管理，2018，35(7)：1245.

但是由于实验项目众多，人工记录模式可能会出现误差。针对危化品的申购、保管、领用以及安全信息，如"危险化学品实验记录""实验室剧毒化学品专用申领单""实验室安全日查对照表""危险化学品使用台账""实验室按月查、按季查记录本"等都是在人的操作下完成的，另外还有双人保管、双人领取、双本账、双人使用、双把锁制度等。这样的人工管理模式已经不适应现代信息共享技术的发展了。

4.3.1.2 引入现代信息技术实现实验室危险化学品的管理

现代信息技术特别是物联网技术的出现给实验室管理带来了很多的方便，其通过提供平台为师生提供信息查询、智能管理等服务。除此之外，广大师生还可以在平台上针对实验室危险化学品管理进行交流与学习。可以说，物联网为实验室危险化学品管理提供了新的方法与思路。[①]

（1）落实高校实验室安全教育和准入制度。目前，我国高等学校的师生数量较多，使用实验室的人数自然也就多，这给实验室危险化学品管理线上教育带来了一定的难度，目前线上相关教育方式与考核形式还比较单一，学生学习的效果并不显著。通常物联网系统能够通过人脸识别来监督学生学习，并将学生学习的状态与结果进行反馈。学校应当落实好实验室安全教育，把控好实验室准入关，对安全教育考试不合格的学生进行继续教育，确保进入实验室的学生是通过考试考核的。人脸识别系统的应用能够有效提高实验室准入的把控性，对实验对象进行有效识别，从而确保进入实验室的对象是符合要求的。[②]

（2）提高工作效率，节约人力物力。目前，以手工操作为主的危险化学品管理方法存在许多问题，在实际工作中主要表现为：由于实验项目多，在管理运行上要花费大量的人力、物力，大量信息都是人工记录的，难免会存在记录误差，而且记录数据在信息互通上很难做到共享，最终导致管理效率低下。在现代信息技术物联网环境中，在改进工作模式的时候，要利用现代信息技术和物联网技术，利用万物互联的思想对危险化学品的使用进行全程记录、流向监控和存量精准统计，保证实验重点数据能够按照要求的不同自动生成报表，尽量不进行重复性劳动，这样有利于节约人力、物力，使实验室能更好地服务师生。

① 李玉平，王志翔，王啸.智慧校园时代高校信息化的发展与研究[J].城市建设理论研究，2016(9)：685-686.

② 韩玉德.新时期高校化学实验室安全管理探析[J].实验室研究与探索，2018，37(5)：1-3.

4.3.1.3 利用物联网技术实现实验室危险化学品管理

（1）物联网技术在实验室危化品管理中的优势。利用物联网技术，将万物互联的思想应用到实验室危险化学品的管理中，能够有效减少人力和物力的使用，一方面可以解决人手不足的问题，另一方面可以提高管理效率。因此，可以使高校实验室危险化学品管理相关人员和使用人员深切体会物联网技术在实验室安全管理中的优势，从而大力倡导利用物联网技术进行实验室危险化学品的管理，通过物联网传感器对危化品信息实时监控，可强化实验室安全管理自动化水平，让实验室工作人员能更好地处理其他相关工作。

（2）加大相关设施的配备与投入力度。要充分发挥物联网的作用，将物联网技术应用到实验室的建设中来，这样就需要学校在实验室安全建设中投入更多的资金，在每个实验室安装智能实时监控终端，这些终端包括摄像头、各类安全传感器、RFID 标签读卡器、显示终端等。终端采集的安全数据通过物联网连接传入服务器，服务器中实验室安全管理平台将各类实验室数据信息进行统计分析，对有安全风险的数据进行实时预警。物联网安全管理系统与平台可以融入人工智能技术，提高安全管理平台的智能化和人性化。同时，在实验室的建设初期就要为物联网智能终端设备预留空间，形成统一的实验室物联网安全建设规范和标准，这样会为物联网管理提供相应的保障。

（3）实现危险化学品管理网络化、智能化。实验室安全管理实现网络信息化、智能化建设，需要加强现有管理流程，全面检查现有的危险化学品，摸清家底，建立单独的危险化学品管理文件，对库存严格清点，并列出库存。实验后的危险化学品废弃物对实验室的安全有很大的影响，因而需要对废弃危险化学品进行定期检查与销毁。另外，危险化学品的把控源头在采购环节，因而采购人员应严格按照相关要求进行采购。

（4）增强危化品的使用者与管理者的安全责任感。虽然实验室的安全与危险化学品的危险特点有决定性的联系，但是它与使用人员和管理人员的综合素质关系更加紧密。在物联网的背景下，要想保证实验室危险化学品使用的安全，就需要进一步提高使用人员和管理人员的专业知识水平，提高其综合素质。可以从以下两个方面入手：第一，对这些人员定期进行专业知识系统培训，使其了解危险化学品管理的重要性和必要性，增加其责任感，使其树立良好的职业道德，以科学、健康、先进的理念进行管理；第二，提高危险化学品使用人员和管理人员的网络信息化操作能力，要能熟练地对物联网系统进行独立操作，掌握系统里面各模块的基本功能和使用方法，能快速进行信息查询和信息维护的基本操作。

4.3.1.4 高校实验室危险化学品管理模式创新

（1）实验室安全教育实现常态化模式。每次实验课，如果需要使用和管理危险化学品，课前都需要接受安全教育。学校应提供针对智能教学、虚拟现实技术和智能测试系统的个性化学习资源、评估方法和学习路径，让学习者掌握安全知识、研究方向、个人专长、学习兴趣等。可利用传感器技术捕捉学生的声音、面部表情、动作等，综合运用心理学和认知科学进行情感计算，实现与学生互动过程中的情感识别、协调和预测。通过这种方式，提高安全意识，规范安全行为，普及安全知识。

（2）危险化学品实现使用申请制模式。由于现有的危化品申请使用模式流程相对复杂，申请使用周期长，影响了实验室危化品的使用和管理，可以在微信平台开启智能客服。该客户服务将使人能够完成程序化的人机对话，并具有学习和实施动态统计的能力。通过人脸识别、语音交互等技术对话功能，结合国内法律法规解读危险物资采购流程、学校危险化学物质清点查询、业务办理采购、讲授安全知识等。同时，也提醒申请者在使用危险化学品时应注意使用方法和安全使用流程。

（3）实施整个危险化学品管理流程。现阶段，普通高校采用传统的危险品采购和管理方式。在"五双"管理中，需要在实验室安全管理中建立两本账（仓库一本账，用户一本账。在实验室安全管理系统中分别登记），将物品清单放在药柜外并放在安全的地方。而如今已是信息化社会，信息技术发达且应用广泛，这种传统的管理模式已经无法跟上社会发展的步伐。因此，实验室危险化学品的管理应当结合物联网技术，提高管理的精细度。危险化学物质全生命周期管理是指对危险物质的采购、应用、使用、销毁、回收等全生命周期信息进行登记和管理，使各种危险物质得到全面控制。危化品采购供应设计管理系统模型总体架构，如图4-3所示。

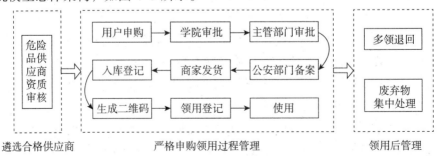

图4-3 危化品采购供应设计管理系统模型总体框架

在管理平台完成危险品的获取、审批、请求和库存统计。平台采用角色分工和权限管理,建立三级安全管理体系。制造商最初使用内置字典库和条件搜索来比较价格,在申购平台自动生成订单申请。监管部门包括高校、设备部门、安全部门等,利用二维码加密技术进行在线实验监控,同时与财务部门的报销进行实时对接,如图 4-4 所示。

图 4-4　危险化学品申购管理应用系统

危险化学品申购管理应用系统不仅可以完成对危险化学品的购买,还有电子台账模块,使用者可以通过此模块快速查看危险化学品的购买情况以及库存量等,提高了实验室危险化学品的管理效率。采购管理部门主要是负责对销售厂商的管理、系统的维护、购买审判、使用监管和回收处理等,以方便学院进行危化品的查看,具体查看的项目有危化品的使用情况、使用台账和审批监管等内容,安全保卫部门检查整个学校危险化学品的储存情况。采购管理部主要负责制造商的管理、采购执行、系统维护、使用监督和回收过程。制造商可以管理商品销售、审核订单、调整产品价格、采取监管措施和回收利用,还可以销售商品、管理商品、调整价格、促进销售和审核订单。物联网技术的应用在一定程度上还是对实验室危险化学品管理的一种监督。通过物联网平台,管理者能够对危险化学品的入库、领用以及使用等情况进行监控,实现危险化学品资源数据的实时交互。后期,学校将在实验室的危化品管理上采用智能家居技术,进行全套智能化系统管理,包括获取防爆灯具、加装智能烟雾(有害气体)的报警器、智能调节实验室的温度和形成智能灯光、通风系统、门窗等,在获取实验对象的心跳、体重、呼吸、血压等实时信息的基础上保证危化品的安全。物联网还能大大提高实验室危化品使用的便捷性。[①]

4.3.2 实验室危险化学品管理的智能化实现策略

4.3.2.1 智能化管理方案概述

实验室危险化学品智能化管理方案是一种新型的管理方案，主要是通过现在流行的物联网、云计算、大数据等技术从多个方面对实验室危险化学品进行智能化的管理。危险化学品在智能化管理方案下是一个有机的整体，能够自动、智能地完成很多管理上的任务。这种管理方式不仅能够有效提高管理效率，还能提高管理质量。这个方案是在当前管理方案的基础上进行了优化，将化学品进行了更进一步的优化管理，这有助于管理水平的提高。在某种程度上讲，这个管理方案的实质就是进行智能化管理的基础建设，可以合理解决信息滞后、监督不力、沟通不便等问题。在制订计划时，实验室危险化学品的管理可以尽可能多样化，不再是一项独立的任务或待完成的任务，而是与其他行政部门、组织和机构紧密联系，最终确保危险化学品的安全使用。

4.3.2.2 实验室安全管理系统智能化

实验室安全智能化管理系统是结合物联网和"互联网+"技术建立起来的，与计算机网络技术、人工智能技术和实验室的危化品管理需求互相融合。这个系统主要由化学管理平台、智能药品柜、管理中心等组成，其中"互联网+"技术、物联网技术和计算机信息技术在其中是最为关键的。只有将各种技术有机结合起来，才能构成一个完整的智能化管理系统。化学仓库是管理或者存取化学品的地方，智能药品柜是用户取用危险化学品的设备，化学仓库以及智能药品柜可以将物联网和管理中心有机结合在一起。化学管理平台是一个针对实验者的软件系统，实验者可以利用这个平台掌握很多有关的化学品使用常识，还能享受一些其他的管理服务。其中，智能管理中心是这个管理系统最为重要的部分，也是一个超越其他平台的部分，这个平台能够对危化品进行实时监控并随时更新信息，给用户提供最及时、最准确的信息，从而加强用户实验室的管理。

智能化管理系统使用起来比普通的系统更为准确、实时。它采用物联网技术对存放起来的化学品进行自动化的监控，方便使用者和管理者及时了解化

---

① 李有增，周全，钊剑.关于高校智慧校园建设的若干思考[J].中国电化教育，2018(1)：112-116.

学品的实际情况，这样可以节省人力资源，大大提高了监控的实际水准。假如系统监测遇到了非寻常情况，会进行报警，对于一些非重要的情况可以自行处理，对于一些特殊情况就要求工作人员对实验室进行必要的检查与处理，这样在一定程度上减少了危险化学品的管理风险。另外，这个系统可以优化化学品的管理流程，如用户在领药的时候，只要在信息管理平台上进行在线申请就可以了，这在很大程度上提高了管理效率。除此之外，智能药品柜按照用户权限对药品进行自动存取，根据物联网显示的信息就可以及时对药品柜汇总的化学品进行补充和管理，避免监管不到位的现象发生。因此，智能化管理系统不仅能够实现无纸化管理，而且可以将危化品进行节能环保的管理，对于实验室的管理来说有着极其重要的作用。

4.3.2.3 智能化信息管理模块

在智能化管理系统中，信息管理模块主要由化学状态信息、人员信息（指导者、领导者和管理者）和报警信息组成。化学状态信息管理模块主要用来实时显示化学品管理的相关信息，主要涉及化学品的质量、所处环境、信息、存取状况和借还情况等方面。用户可以登录管理平台自己的账户查看自己的访问、应用、归还等信息。应该注意的是，在这个系统中，只有管理员和领用者才能直接面对化学仓库和智能药柜。导师登录后，可以查询领用人信息，并就其申请予以批准。管理员登录账户后，可以获取与这些化学品处理相关的信息，如化学品使用清单、待补充物品的信息等，及时进行更新处理操作。

4.3.2.4 智能化存放取用模块

在实验室危险化学品智能管理系统中，存取模块由智能药柜和化学品仓库组成，智能药柜为用户服务，化学品仓库为管理人员服务。

智能化药柜与一般的药柜的主要区别就是智能化，它具有显示屏，可进行智能化锁定，功能模块也可以定制化扩展，它与智能管理系统中心连接，是一种智能化的管理仪器。智能药柜可以实时动态识别化学品的储存现状（如数量、重量等）和药柜环境（如药柜的气压、温度和湿度等），检测到的数据通过物联网及时上传到管理中心，管理中心对药柜的数据进行安全设置，当数据在一定范围内时，不会进行安全警报，一旦数据超出设定的安全范围，就会引发警报。智能锁和显示屏根据用户需求定制，显示屏滚动显示药品的重量、名称、存放日期、使用历史等信息，方便用户了解。在智能锁中，用户被授予权限，扫描二维码，输入密码打开智能锁，用户完成取放操作。危险化学品的摆放和储存由管理者直接管理。

系统通过条码扫描器扫描完成出库和入库操作，将危险化学品添加到仓库并通过计算机完成信息录入，而不是管理员手动录入信息。管理人员获得审批权限后，即可通过扫描仪扫描条码完成物品的出库，无论是出库还是入库都需要登记完整的数据信息，同步更新，方便后期的查询和管理。

警报信息管理模块也是信息管理系统的一个重要组成部分，实验室管理者可以根据实际情况制定警报标准。如果系统发现达到警报水平，它们会自动提醒相应的人员。例如，当一个人接触到一种化学品时，当他的取用量或者领用的时间超过了设定的值时，其手机会收到系统发送的提示信息；当某种化学品储存时间超过其有效期限时，管理员则会收到系统发送的提醒信息；当智能药柜中的化学品数量减少时，在应用程序界面中系统会向领用人提示当前化学品数量减少，同时系统也将发送相应的提醒信息给实验室的管理员。

4.4 高校实验室安全监控管理

4.4.1 物联网技术应用于高校实验室安全监控管理

实验室规模随着高校扩招而不断扩大，激增的在校学生对实验室设备和配套设施提出了越来越大的需求，加之一些实验室设备十分昂贵，这些都需要有一个智能化的实验室管理系统对实验室的秩序进行管理和监督，以提高实验室使用的有效性、及时性、安全性，节约人力资源。物联网由无线射频技术、微电子技术和自组织网络组成，是在现有计算机互联网基础上建立的一种实用的通信网络结构，其最终目标是实现智慧全球。目前，中国物联网主要应用于智能交通、智能家居、智慧农业、智慧医疗等领域。物联网技术在实验室安全管理中的应用正处于开发和探索阶段，可以逐步实现实验室的智能化，保证实验教学的更好开展。[①] 本节提出的实验室智能管理系统采用的物联网技术是基于各种传感器、传输网络和传输协议的。这是加强智能化、现代化实验室安全管理的新尝试，可以更有效地保证实验室的安全，为教学和科研提供最佳服务。

---

① 朱洪波，杨龙祥，朱琦.物联网技术进展与应用 [J].南京邮电大学学报（自然科学版），2011，31(1)：1-9.

4.4.2　系统需求分析

4.4.2.1　系统性能要求

该系统的最终目标是实现高校实验室的安全管理信息化，使其符合学校长期稳定运行的需求。所以，该系统必须满足如下要求。[①]

（1）系统的可靠性。该系统实时采集和监控实验室用水和用电数据，只有保证系统的可靠性，才能保证系统实时性地运行。

（2）系统的完整性。完成需求分析后，实验室管理系统对物联网实验室的安全管理进行实地调研，深入研究并形成完整的需求分析文档。在此基础上，开发人员应该重点考虑系统现有的功能和可扩展性。在测试阶段，要就所有开发的功能进行测试，不足之处及时进行修正和完善。

（3）系统的可扩展性。物联网由三个层次组成，即应用层、感知层和网络层。每一层都有自己的行业标准或国际标准，这就要求开发者通过模块化设计思想设置各个模块，并保证电气和数据接口的统一，自由组合物联网的各个系统模块使各模块能互联互通，同时还要考虑到设备的通用性和可扩展性。

4.4.2.2　管理系统的功能需求

引用物联网技术的实验室安全管理系统，具有实时监控和智慧控制的优势，能大幅度提升实验室安全管理的现代化信息水平，为实现实验室信息化、智能化奠定重要基础。该系统有以下具体优势。[②]

（1）可以实时监测实验室内的水电安全，为用户提供友好的观测界面。

（2）可以视频监控各个实验室，并提供视频回放功能，避免各种安全事故。

（3）实验室人员和设备的信息采用数字化录入，实现实验室资源和设备的共享，也可以方便地进行人员信息管理、统计分析。

（4）能实现实验室门禁功能，只有通过实验室管理员授权的用户才能刷校园卡或者人脸识别、扫二维码进入实验室，这样能大大增强实验室的安全性。

---

① 徐小林．高校物联网实验室建设与管理［J］．湖北师范学院学报，2016，36(4):18-21．

② 杜伟略，潘健．物联网综合实训平台设计［J］．实验技术与管理，2013，30(9)：63-67．

4.4.3 系统整体框架设计

4.4.3.1 系统总体框架

实验室管理系统的体系结构主要有三个层次，即网络层、感知层和应用层。感知层顾名思义就是感知系统，如同人类的眼睛、耳朵、鼻子等。感知层利用物联网有效地识别对象、采集信息、汇总数据等，其传感终端为电能表、水流量表、摄像头等，通过感知层可以实现水电监控、视频监控和门禁系统控制等。网络层由网络管理平台软件、校园网、有线和无线通信网络、应用服务器和云计算平台等构成，相当于管理系统的中枢神经系统，主要是传输传感设备获得的信息并对其进行加工处理。此系统利用 ZigBee 无线传感器网络实现短距离传感数据的传输。设备传感层获取的数据，通过数字转换后接入光纤网络，最后通过校园网汇总到学校中心机房服务器。应用层是实现物联网中终端和用户之间信息交互的接口。系统主要由界面层、业务层和数据层组成。业务层的功能是提供电力监测、水流监测、视频检测、访问识别、设备信息管理和数据统计分析。[①]

4.4.3.2 系统主要功能实现

系统的功能主要由业务层具体实现，主要的应用功能包括实验室的电能监测、水流监测、视频监控、信息管理、数据分析和门禁管理等，下面分别进行简要介绍。

（1）电能监测。它主要是实时获取实验室的用电量，并及时应对突发事件。为了实现这一目标，实验室设计了一种特殊的电能检测电箱。通过互感器将电箱内的电流信号传送到电能表，采集常规电能信息，采用 ZigBee 无线传输方式向光纤环网传输数据。数据通过光纤环网进入系统后，中央服务器读取电能表的数据，对电能消耗进行实时监测和数据采集。

（2）水流监测。它主要用于实时检测实验室的水源安全性。在实验室的卫生间安装水流计量设备，水流计量终端通过物联网实现水流计量数据与中央控制室服务器的远程通信，将水流终端获得的数据传输到系统服务器，实时监测水情并采集数据。

（3）视频监控。在每个实验室的重点部位都安装监控设备，这些监控设

---

① 冀松，南晓青.应用型本科院校物联网实验室建设研究 以中国地质大学长城学院为例[J].
电脑知识与技术，2016，12(11)：110-111.

备基本都安装了拥有自动识别功能的高清摄像头，实验室管理人员可以利用监控客户端软件获取摄像头采集到的视频图像信息，监控系统可以实现监视屏和历史屏的随机切换，也可以将需要的监控视频进行分享。

（4）信息管理。该功能主要实现用户的信息检索、信息增加，获取维护设备基本信息，最终达到实验室信息管理的数字化和资源共享。

（5）数据分析。它主要是汇总以上功能模块采集到的各种水、电等信息，并形成各种报表和曲线图，进行输出，方便实验室人员分析和统计。

（6）门禁系统。它主要用来识别进入实验室的人员的身份，只有通过了门禁管理系统预设信息的实验者才能顺利进入，这样能最大限度地保证实验室的安全。实验室门禁管理系统使用 RFID 技术、人脸识别技术来识别实验者身份，获取其相应的信息，并与数据库中的数据进行比对，只有信息完全一致的人员才获准进入实验室。

4.4.4　系统实现

该系统主要以光纤环网的形式将红外报警视频、RFID、水流、存储参数等信息上传到中央服务器，然后操作人员通过中央辅助器对信息进行观察和操作，形成一个 C/S 结构，再采用集中控制方式。中央服务器可以实时监控数据，并可以通过报表、数据包和曲线等方式对数据进行分析和调查。

中央控制室中的中央服务器和控制柜用于集中所有信号，通过在服务器上安装 FameView 配置软件来达到目的。中控柜内有 ZigBee 协调器、224CPU、串口服务器、PLC 控制器、硬盘录像机、视频切换矩阵、光纤开关、工控机、显示器、光纤转换盒等设备。

4.4.4.1 建设通信链路

通信链路主要采用校园网和特殊专用光纤网络的模式，它主要通过多个光纤收发器在整个学校实验室里组成通信的光纤环形通信链路，将物联网终端设备协议转成 TCP/IP 协议然后进入系统中，再通过服务的方式进行全双工数据的读取与写入，这种方式更安全、高速、稳定。除此之外，设备的通信方式还有串口、ZigBee 和以太网。具体表现如下。[①]

（1）仪表获得水流量数据后，PLC 自由编程 AIBUS 协议，采集 PLC 中的数据。PLC 得到数据后，通过串口服务器将 PLC 的 PPI 协议转换为 PPI/IP，

---

① 林莉，陈丽丽.高校物联网实验室建设规划 [J].长春理工大学学报，2012，7(4)：23-24，58.

并利用光电转换功能将 PLC 的 PPI 协议转换为 PPI/IP，数据接入光纤环网。

（2）电能表采集电能数据，电表协议为 Modbus，Modbus 数据从 ZigBee 终端通过无线传输到 ZigBee 协调器。协调器可以将数据转换成 TCP/IP，原来的协议是 Modbus，转换后的协议是 Modbus/TCP，然后进入光纤环网通信。

（3）RFID 数据采集识别。例如，实验室门禁读卡设备获取校园一卡通信息后，经过串口设备将识别信息传输给 PLC，然后 PLC 经过串口服务器，将识别信息协议转换为 PPI/IP 通信协议，最后将门禁识别信息传输到校园光纤环网链路。

（4）所有的终端都会将识别到的信息，以 TCP/IP 协议模式传输到校园光纤环网，服务器会智能识别实验室所有网络终端节点的信息，并把信息存储到系统数据库中，实现终端信息的存储、读取、交互、控制和重要数据挖掘等功能。

4.4.4.2 数据采集的实现

为了数据采集得准确、实时，实验室下面的多个子实验室需要接入电能监测计量箱和摄像头，实验室楼层两侧的洗手间要安装水流计量器。除此之外，在实验室的门内安装 RFID 读卡器。下面主要对水流量采集、电量采集、视频采集、门禁信息采集进行说明，其他的数据采集不做具体解释。

（1）水流量采集。水流量采集需要在洗手间的管道上安装一个采集仪器与旋涡流量仪器，流量仪器需要具备 ADC 电路，ADC 电路的主要作用是将模拟量转变成数字，再将解析完的数据进一步转换，最后将转换的标准信息通过网络传输到服务器，并保存在数据库中，最终达到水流量的实时动态监测并对信息进行统计分析。

（2）电量采集。通过在实验室的电气箱安装电力传感设备实现电能信息的采集，在电力三相线路空气开关中配置电力互感器。电力互感器将实验室电路电流信号传输给电力仪表，利用 ZigBee 终端将获取的信息传输给中央控制柜里面的 ZigBee 协调器。通过调制器解析转换后，识别到的网络信息将传送到数据库服务器，最终实现实验室电量信息的实时监测和动态统计分析。

（3）视频采集。摄像头主要分为两种，一类是枪机摄像头，另外一类是带有云台的球机摄像头。目前，市场主流的海康品牌都自带免费客户端，当监控摄像头通电以后，视频信号通过监控网络传输到监控服务管理平台，在监控平台可以对视频信号进行实时采集与监控。

（4）门禁信息采集。RFID 是实现门禁信息采集的重要技术，它有三个组成部分，分别为标签、PLC 和感应式读卡器。首先，RFID 射频读卡器可以获取数据标签的信息。其次，信息通过串口设备将数据传输到 PLC 当中，PLC 再将数据通过网络通信协议转换为标准数据，并将信息通过网络传送到服务器数据库。服务器经过对数据进行统计和分析，再经过网络交互的模式进行响应，并对实时数据进行记录。服务器在对传送数据与事先认证信息进行比对后，将是否开门的指令发送给 PLC。最后，PLC 通过收到的指令控制门磁开关以及非法身份报警开关的控制电路。

4.4.4.3 系统软件设计的智能化

智能软件系统是针对智慧实验室设计的一款系统，它包括对实验室各个方面的实时监控，如水流量的检测、电能的检测以及安全问题的检测等。这个软件能够使实验室的管理工作更方便、高效，也能够在一定程度上减少人力资源的耗损。

4.5　实验室安全风险评估管理

4.5.1　利用现代信息技术实现高校实验室安全风险评估管理

第一，高等院校要采取适当的教育培训监督手段进行运作和管理，并引导高等院校内部的全体实验室管理人员全面、系统深入实验室的安全管理工作中，科学、合理而有序地组织和开展工作，开展高等院校的各专业学生教学培养工作，开展基础性的科学技术创新研究，让其发挥的作用最大化，并且完成高等院校实验室的建设和日常业务工作，充分发挥安全管理工作方面的作用，积极引入现代信息技术，设计和运作科学化安全风险评估工作方案，支持高等院校的实验室安全管理工作，保证在具体实施开展中，让综合效益最佳化。

第二，在运用现代化的科学信息技术的基础上，对于高等院校实验室中的各种化学试剂物资要素以及实验应用性的仪器设备要素，形成动态化的管理系统，围绕高等院校的实验室日常活动组织运作。对于各种化学试剂药品和实验应用性技术设备，在操作过程中遇到的各种安全问题，展开全面系统的预判、分析和干预，保证高等院校能够实际展开实验室的日常教学工作和基础性科学技术创新方面的研究工作，保证其能在安全、有序的组织下获得综合性最佳的效果。

第三，要在现代信息技术的基础上，积极构建高等院校的各种实验室的安全管理工作制度并采取一定的措施加以执行，控制和规范好高等院校的各专业任课教师和在校学生，让他们能够掌握好日常实验探究工作中的基本方法，严格遵循标准化的实验室安全技术操作规范和管理流程，在基础性实验活动中规范各种操作性行为，支持并帮助高等院校的实验室开展各种日常化的业务活动。

第四，要和高等院校的实验室日常运作中的实际需求相结合，积极配备能熟练掌握并运用现代信息技术设备的高等院校实验安全管理队伍，通过现代化信息技术的运用，全面分析在高等院校实验室中可能遇到的安全风险问题，继而提出相关的制度方案，通过科学而合理的安全管理办法，达到高等院校实验室安全管理工作有效进行的预期结果。

4.5.2 推进实验室安全风险评估工作机制的建设

实验大楼以及实验室在进行规划建设的时候需要进行安全风险的考虑。在建设的过程中，各种设备安装、各种仪器的操作和运行都存在安全隐患，需要提前进行把控和预防，假如没有进行很好的把控，可能会发生安全事故。因此，在建设之前，进行有效的风险评估、设置"安全栅"、加强风险源的管理都是非常必要的。

4.5.2.1 对实验室开展专项安全风险评估，加强隐患整改

根据学校实验室的安全检查情况，排查实验室可能存在的安全隐患，进一步对实验室存在的安全问题进行布局和调整，将安全风险降到最低。在布局和调整的时候可以结合建筑的特征、配套设置以及环境条件等进行改善，从而保证实验室各项工作的顺利进行，如实验室的风、水、电的使用等都是需要注意的对象。

4.5.2.2 实验室建设的计划必须通过安全论证

高校实验室管理部门可以组建实验室安全工作委员会，由各院系负责安全工作的领导和实验室主任兼任，委员会里所有成员可以对新建实验室进行参观评价并提出建议。院系和研究机构新建实验室必须经过安全工作委员会的评审通过，同时针对评审项目中安全问题提出指导性的建议。除此之外，还要请相关专家对实验室的安全、环境进行专业评价和评估，从而保证实验室的安全建设，保证实验室能够正常运行。

4.5.2.3 大型贵重仪器购置的安全论证

大型贵重仪器设备的采购必须实行采购前的可行性论证，其中安全论证是重点，建设部门要备案和说明各种安全风险要素，如仪器设备安装场地、人员配备和环境的使用条件等，通过专家提供的建议对各种实验室的安全风险进行尽早、有效的合理防控。

4.5.2.4 逐步建立科研项目申报前安全风险评估机制

最近几年，国家对实验室的安全问题相当重视，管理相当严格。在申报一些科研项目的时候，需要提供相关的资料说明并承诺实验室的安全风险。例如，在申报国家和地方各类科学研究项目的时候，一些高研究风险的研究项目需要提供研究条件的官方许可认证书。学校实验室管理部门也要进行相关配合，随时迎接调研与检查，严格执行安全专业人员提出的建议，并落实到实际当中；还要学会举一反三，对在不具备安全条件的实验室进行的研究项目，学校项目管理部门将不予通过申报。

4.5.2.5 实施危险实验项目的安全评估机制

实验项目应该设立安全风险审核机制，对于有潜在安全风险的实验项目，在开始实验课程或者科学研究前就要进行安全评估。重点针对实验教学计划、实验操作流程、实验者资格、实验产生的"三废"等进行安全评估。针对实验过程中可能存在的风险点进行综合分析，制定详细周密的风险点实验规范，将安全风险降到最低，实验条件和实验安全措施没有达标的实验项目将不予批准进行。

4.5.3　设立高校实验室"大安全"责任机制

4.5.3.1 完善实验室安全工作机制，避免多部门管理难题

目前，大多数高校的实验安全管理体系大致可归类为两种：其一是"美国模式"，它最大的特点是实行集约化管理模式；其二是"英国模式"，它重点是实行集中分散管理。"美国模式"重点是利用集约化管理模式，将全部的安全问题进行集中管理，还设立了相关的管理机构，被称为"EHS"，存在于执行安全管理职能中；"英国模式"的安全管理体系强调由校长牵头形成安全办公室、校级健康安全管理委员会、各系部门领导以及下面一些兼职的安全员。

把"英国模式"作为基础，将各部门的实验室安全管理业务进行统一的

协调，从而形成一个"大安全"的格局。对学校实验室的管理人员进行合理的人员配置，将工作进行合理的安排。实验室安全管理委员会挂靠学校实验室管理部门，由各院系负责实验室安全工作的领导兼任，实验室安全工作办公室负责联络和协调日常工作。在"大安全"问题上，实验室安全委员会整体布局全校实验室安全工作与决策，各学院根据各自的责任负责具体安全工作的实施，建立学校、学院、实验室三级安全管理责任机制，实验室安全管理委员会负责对各部门具体实施情况进行监督与考核。

4.5.3.2 制定完善的安全管理制度，保证有规可查

良好的规章制度不仅能够保证实验室的安全、有序运行，还能够保证实验室安全工作做到有规可依。目前，很多高校制定的实验室安全管理制度，不仅非常严谨和规范，而且很多条款具有一定的人性化，实施起来也有很强的可操作性，从而保证了政策能够得到很好的落实。依据国家的法律法规，并与学校的实际情况相结合，针对实验室的各种化学物品使用安全问题制定出合理的制度，用这些制度来保障实验室安全管理的正常实施，避免安全事故的发生。学校的相关人员也要将制度与实际工作中的一些问题结合起来进行合理分析，将制度中不合理的条例进行不断修改，最终将实验室管理制度修订得尽善尽美，确保实验室的安全管理工作正常开展和实施。

4.5.3.3 构建实验室安全检查考核机制

高校不同专业的实验室要建立合理的考核机制，对实验室的工作方案以及安全检查进行合理的考核。对二级单位的实验室安全管理制度及落实的安全工作进行不定期的巡检、抽查，对管理人员的工作态度等进行考核。将这些考核成绩与年终考核结果相联系，对表现好的单位进行奖励，对那些工作不到位的单位进行批评并在合理范围内作出相应的处罚。

4.5.4　立体化实施实验室安全培训

4.5.4.1 将实验室安全教育融入专业课程和通识课程

学校应对每位新生以讲座或者入学教育培训的方式进行相关的实验室安全教育，并教给他们一些基本的消防技能，进而提高学生的安全意识。另外，对于一些安全系数较高的学院和专业进行必要的实验准入教育，以选修课的模式开设实验室安全课程，如实验室消防安全课程、生物实验室安全课程、实验

室危化品安全课程等，重点是使学生掌握必需的实验室安全防护知识和基本的安全操作方法。

4.5.4.2 全方位、立体化开展实验室安全教育活动

实验室安全重于泰山，将实验室安全教育活动，如将实验室仪器设备的安全操作规范、安全管理模范行为等引入校园，将这些活动常态化，能让学生体会到安全的重要性，将安全问题深深扎在学生的心中，不容忽视；让学生体会到"要我安全"的教育活动随处可见，并经过学习达到"我要安全"的转变，最后实现"我会安全"的教育成效。

4.5.5　强化实验室安全的技术服务与保障

4.5.5.1 建立实验室安全管理信息化模式

依据智慧校园的建设，采取"互联网+"和"户籍化"的高校实验室安全管理信息化方法，很大程度上将会强化实验室的智能化管理能力。学校可建立实验室的安全工作网站，通过网站对实验室的检查考核、风险评估、危险品等进行管理，将网站与学校和学院的公众号服务平台、微博和公共社交平台相融合，以扩大实验室安全管理的宣传层面，提高其影响力，达到事半功倍的效果；还可以通过"户籍化"的安全管理方式对实验室的安全管理档案进行管理，使日常的申购管理、巡查、监管工作相互结合，对实验室的实时监督工作进行有效管理与实施。

4.5.5.2 构建实验室安全教学督导机制

学校可聘任有实验室安全管理工作经验的一线实验室技术人员和退休的有安全经验的专家担任兼职实验教学督导，对学校的实验室安全管理工作进行指导和监督，在学生里面选取优秀或者对安全管理工作感兴趣的学生成立实验室安全管理协会，这将在一定程度上加强安全宣传力度和提高监管效果。

第 5 章　高校实验室智慧终端设计与开发

5.1 高校实验室智能环境监测终端的设计

5.1.1 基于 Wi-Fi 的智能实验室环境监测和监控系统设计

5.1.1.1 实验室环境监测和智能监控系统

当实验室的网络环境相对稳定时，环境监测智能监控系统就能够实现对实验室的监控，装设无线路由器，使无线通信技术（Wi-Fi）全面覆盖实验室，接通互联网，实验室管理人员就能够通过计算机或手机实时监控实验室，如图5-1 所示。

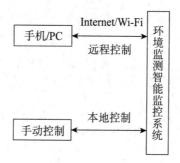

图 5-1　基于 Wi-Fi 的环境监测智能监控系统

第一，实验室电能监控。高校实验室设备的用电安全是所有实验室安全中的首要指标，是实验室建设与管理中最需要重视的内容。[①] 实验室的电力系统不仅要为其中所有的设备供电，还需要作出最优的供电方案，保证稳定持续地供应电力，确保实验设备可以安全稳定地运行，同时保障各个设备的用电安全。[②]

实验室中有很多设施设备需要用电，且运行情况比较复杂。通常情况下，

---

① 周晓，朱仁烽，李杰.实验室设备用电集中控制系统设计 [J].实验室研究与探索，2014(10)：308-311.

② 廖庆敏.高校实验室安全管理之思考 [J].实验室研究与探索，2010(1)：168-170.

如从安全和节能的角度考虑，大多数的用电设备使用后应及时断网、断电，但有些实验用的设备或仪器工作内容比较特殊，如细胞培养箱、超低温冰箱等设备，需要全天保持持续的供电，这就要求电力系统持续为这些实验设备供应安全稳定的电力。

基于实验室电力系统的供应需求形成了本设计，经改造，本设计可以实现实时监控实验室各种设施设备的用电安全。改造内容包括三方面：一是为实验室中每一部用电设备安装独立的智能插座和智能控制开关，包括照明电路和空调等设备，通过无线网络和智能控制系统，远程遥控操作设备供电电路的开启和闭合，对于一些日常使用的非实验设备，可以根据使用时间进行集中设置；二是合理规划主配电源并安装远程智能控制模块，设定在某个时段启用电插座，将教学时间外尤其是休息日、每学年节假日等时间段设置为后台停止供电模式，在该时间段供电的电源将会自动关闭；三是利用移动 App 应用软件或操作程序，对实验室的设备用电情况和电网的电压状态进行实时监控和远程控制，还可以设置管理员的操作权限，使管理员在一定操作许可范围内远程控制部分设备的用电情况，减少直接接触强电控制箱的危险；当使用人员离开而忘记关闭电源，产生不必要的电力损耗，造成安全隐患或者实验室中的用电设备出现异常的用电情况，如短路、停电等时，手机 App 就会自动向管理人员发出警报，以弹窗、推送等形式将故障信息发送到手机上，提醒实验室的管理人员立即处理，避免造成更大的损失。

第二，环境参数的监控。很多实验器材对储存、使用的环境有一定的要求，其放置和使用的环境需要控制在一定的温度、湿度以及清洁程度范围内，有部分精密的实验仪器对环境的要求更加严格。

①应控制储存环境的空气质量、温度及湿度等各项参数，使其满足各个实验设备的存放要求，精密传感器的安装应符合相关规范，不安装在单独布设的线路上，连接 WiFi 网络，增设智能开关、万能遥控器以及专业的环境监测仪，对室内环境进行实时智能的监控。一方面，实验室安装的各项环境监测的仪器应与改变环境的设备、所监测的实验设备保持联动，当环境监测仪器监测到当前环境参数偏离储存条件时，就会向空调、排气扇、加湿器或空气净化器等设备发出调节的指令，这些设备根据指令将环境参数值调节到最佳，环境监测仪检测到环境参数达标后发出停止调节的指令，相关调节设备停止运作，环境监测仪继续监测。另一方面，在遥控管理实验室的 App 中设置信息推送和报警功能，当调节功能异常时，App 及时向管理人员发出警告，提醒管理人员及时处理。

②对于一些特殊实验室的环境参数一定要精密监测，安装相应的高精度、高灵敏度的传感器，尤其是对可燃气体及甲醛、氨气、苯等有毒有害气体的监测，必须精准控制其含量以及其他环境参数。

第三，智能安防系统监控。为维护实验室的安全，应尽早发现并排除实验室中潜在的安全隐患，避免造成不必要的损失，可以基于无线网络全面覆盖的环境安装无线安防设备，利用先进的技术手段达成远程监控、远程设防以及智能安防的目的。可以根据实验室的结构适当安装无线烟感探测器、无线声光报警器、安防主机以及无线门磁传感器等安防设备，再将这些设备与遥控管理实验室的 App 相关联。管理员通过手机 App 就可以实时查看实验室各处设置的监控，检查水电、门窗的状态。当实验室的门窗、水电等在非教学时间处于开启状态时，相应的安防设备将向安防系统发送报告，系统在接收到报告后第一时间向管理员发出通知信息，以提醒管理员远程检查，及时关闭门窗、水电；一旦安防系统检测到危险隐患，如烟雾、漏水、漏电甚至非法入侵等，系统将自动报警，执行预设应急程序，同时向管理员发出强烈的警报信息，通知管理员及时处理，达到最有效的管理和控制，如图 5-2 所示。

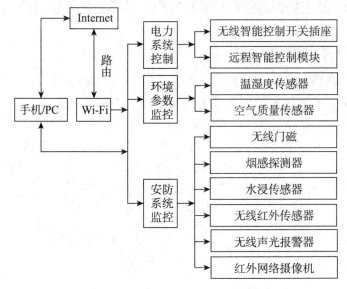

图 5-2　系统布控项目

5.1.1.2 软件框架设计

高校每个专业实验室的功能特点不同，实验任务和管理方面与其本身的工作特点有一定差异，在设计其系统时结合实际情况有所侧重，需要灵活设计、组合出最佳方案。在存放各种化学实验试剂的实验室仓库中，需要根据实验试剂的性质如挥发性、易燃易爆、毒性等作出妥善、详细的设计，避免实验室内 TVOC 污染空气引发毒害、火灾、爆炸等事故。[①] 因此，该系统在设计上应重点考虑监控 TVOC 的溢出，精准控制各项环境参数。在该系统中，室内的排风设备、空调联动设计由温度传感器控制，以保证温度传感器可以保持正常的工作状态。实验室还常存放多种稀缺重要的试剂或者危险试剂，如浓硫酸、强碱、可制毒的管制药品等。这些试剂对储存环境的要求十分严格，不同类型的试剂有相应的取用规范，而存放这些试剂的实验室，在系统的设计上应额外侧重智能安防，可安装无线红外传感器、无线声光报警器或者无线红外网络摄像机等，以利于危险化学品的取用和管理。实验室中也会存放和使用一些非常贵重、精密的科研实验设备，对存放环境也有诸多严格的要求，在设计系统时，应注意为设备提供稳定的电压、持续的电量供应，可使用 UPS 电源，联动安装各种环境监测设备等。

5.1.2 基于物联网的智能实验室气体环境监测系统设计

5.1.2.1 软件框架设计

基于物联网的实验室智能气体环境监测系统的软件平台框架图，具体如图 5-3 所示。该智能实验室气体环境检测系统总体上的框架设计主要包括监测系统和软件系统两部分。监测系统能够自动、精准、快速地采集各项环境数据信息，用户可以通过软件系统直接操作系统，进而对实验室的环境作出重点监测。

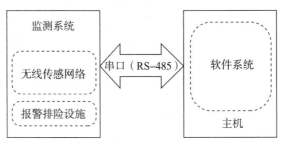

图 5-3　总体框架图

① 王明仕，王明娅，宋党育.高校实验室内环境质量分析探讨[J].实验技术与管理，2013(11)：219-220，224.

第一，监测系统。在被监测实验室中安装与上位机软件系统和监测系统相连接的 USB 转 RS-485 模块和具有 ZigBee 通信模块的通信站、传感元件。其中，传感元件可以将实验室当时的各项环境参数及时、快速、准确地监测和记录下来，对实验室中的气体进行智能采集和分析，将数据传输到气体环境监测系统，使该系统实现各项自动化操作。

在被监测实验室中，所有具有 ZigBee 通信模块的传感元件共同组成了 ZigBee 通信网络，这就是 ZigBee 通信站。该通信站与上位机软件系统的 USB 转 RS-485 模块相连接，当该 ZigBee 通信站接收到来自智能环境监测系统的指令时，该指令是上位机软件系统发出的数据信息，就能采集 ZigBee 通信模块的传感元件上记载的所有的环境信息，并将信息传输到上位机软件系统中。该系统是由智能实验室气体环境监测系统中传输基础数据的 ZigBee 通信网络构建而成的，其具体框架如图 5-4 所示。

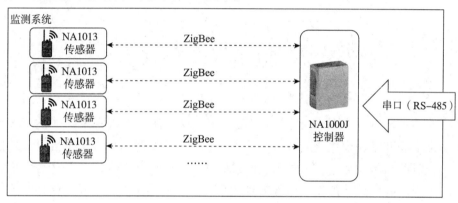

图 5-4　监测系统框架

第二，软件系统。该软件系统由智能实验室中气体环境监测系统所需的通信管理、数据管理以及用户管理三大模块组成。通讯管理模块具有能够编辑通信数据、生成通信命令以及管理通信串口等功能，主要用于管理监测与软件两大系统之间的串口通信。对于智能实验室的气体环境监测系统来说，通信管理模块能够提高监测与软件两大系统之间的通信速度和通信效率，具有其必需的串口通信功能。此外，通信管理模块还能有效避免通信数据丢包和阻塞等问题的发生，有助于通信数据通顺运行。

数据管理模块负责的内容主要是为管理系统提供数据存储和数据服务，其中包括通信管理模块中的数据交互、用户接口模块之间以及系统数据库间的数据交互。用户接口模块利用 WPF 应用框架中的窗体、页面以及其中的用户控件，向用户发出危险预警提示，展示检测数据并响应用户的操作。

综上所述，软件系统包括通信管理模块、用户接口模块和数据管理模块。这给该智能实验室的气体环境监测系统提供了最主要的业务功能，这也是本文需要论述的重要部分。软件系统框架包括三个模块：数据管理模块、通信管理模块和用户接口模块。它们之间的关系具体如图5-5所示。

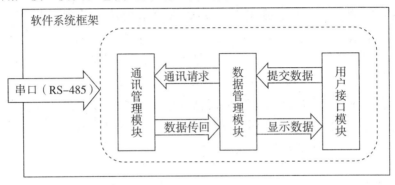

图 5-5　软件系统框架

5.1.2.2 软件系统的详细设计

在智能实验室气体环境监测系统中，可以借助上位机应用软件系统实现自动化、标准化、程序化的监测业务管理，通信管理模块以及数据管理模块能够实时监测和传输数据。软件系统的设计应立足于保证实验室人员安全、设备完好无损、计量认证严格，全面管理用户、通信及数据，通过用户端口采集实验室气体环境的监测参数，并及时向用户传递信息数据。

第一，通信管理模块。通信管理模块主要负责管理数据采集系统和软件系统之间的串口数据，管理内容包括执行通信命令、打开和关闭通信串口、返回数据分析、配置通信串口信息等，管理端口和串口通信的整体业务流程。需要配置的串口信息包括各种串口的波特率、名称、奇偶校验位、数据位、停止位、溢出时间等。系统启动后，通信管理模块对通信串口进行初始化，然后配置串口基本信息，使串口数据在数据采集系统和软件系统之间能够正确、顺畅地运行。

①通信串口的开与合：通信串口的开启和运用会占用计算机的系统资源，造成时间的额外消耗。借助通信管理模块，能够进一步节省程序运作空间，确保系统通畅运行，实现实验室气体监测系统串口的有效开合，节省出更大的空间运作其他管理系统，使系统软件运行得更加稳定。

②通信命令生成：根据本智能实验室气体环境检测系统采用的 Modbus 通信协议，通信管理模块将软件系统的数据通信请求封装成 Modbus 通信数据，然后对数据进行压缩，形成串行通信信息。这样，系统软件和监控系统之间的数据就可以正常有序地进行了。

③返回数据分析：根据 Modbus 通信协议，通信管理模块可以准确、高效地对监控系统返回的数据进行分析处理，以便软件系统中的其他模块直接使用，使各模块可以准确高效地完成接收和处理。

④通信串口业务流程：软件系统提交读取环境监测数据的请求后，通信管理模块首先将请求转换为相应的命令，将命令发送给监测系统，监测系统进行响应，根据命令读取数据包。最后，通信管理模块将根据 Modbus 协议解析数据包，向软件系统提交所需数据，数据读取指令完成。如果监测系统在规定时间内没有作出响应，超时信息将会被反馈回来，在通信串口的整体业务流程中，所有的环节都有通信管理模块的参与或支持，促使串口通信能够自动、高效、有序地进行。

第二，数据管理模块。数据管理模块指和串口通信相关、和数据库相关以及和用户相关的数据交互。数据管理模块在智能实验室气体环境监测系统中主要负责数据的交互，它及时响应和处理来自各个模块的数据，并根据业务逻辑处理来自其他模块的数据请求。

①与串口通信的数据交互：监控整个智能环境实验室中与不同模块的业务需求相关的环境，将通信需求发送到串口，然后对串口通信返回的数据进行处理和分析，最后通过串行通信将处理后的数据以用户业务需要的格式发回，完成系统中其他模块和串口通信间的数据交互。

②与数据库的数据交互：指的是整个智能环境实验室中环境监测的其他模块向数据库提出数据的读取、修改等请求，然后对数据库中的处理结果进行解析处理，最后将结果返回部门，完成数据库和系统模块之间的数据交互。

③与用户的数据交互：在智能实验室环境监测系统中，主要是输入用户数据，响应用户请求，然后将这些信息数据转发存储到负责数据处理的数据模块，它在数据库中。用户数据要求数据模块必须响应，包括存储在数据库中的各种信息、环境监测数据、每个通信节点掌握的测量数据。

第三，用户接口模块。用户接口模块可以通过用户界面实现用户与软件系统的交互，交互的界面包括主功能界面、系统提示界面、数据展示界面以及数据编辑界面。这些界面与用户对接，能够编辑、上传、展示、储存智能实验室的各项环境参数，按系统的要求执行业务。

①数据展示：通过简洁的工作窗体和图形化的工作界面，将智能实验室中环境监测系统的各类数据展示在用户面前，主要包括各个监测节点提供的实时数据、系统的配置信息、系统的状态等，以便用户实时了解实验室环境情况，进行科研实验时排除各项干扰因素。

②数据录入：通过系列化、标准化、简洁化、可编辑的表格，为用户提供智能实验室环境监测系统数据录入的接口。这样可以有效降低用户数据录入的复杂度，使用户与系统的交互更加简单、高效、便捷。

③业务选择：使用简单、灵敏的图形按钮和"傻瓜式"的业务逻辑，让用户非常便捷地使用系统的主要功能，并让他们在系统主要功能之间进行灵活地选择。

5.1.2.3 监测业务流程设计

当监测该智能实验室环境的软件系统被用户启动时，系统首先将监控系统恢复到初始状态，打开通信串口，系统根据初始化信息生成读取数据的命令，然后将命令发送到通信串口，串口响应需要的数据。如果从通信串口收到正常响应，则需要处理好反馈的数据信息再继续进行下一步工作内容；如果通信串口未回应直至超时，则需要再次将读取数据的指令发送出来，继续等待数据反馈。当用户对绘图的数据节点有要求时，就需要先了解分析和处理数据的结果，再完成图形的绘制；如果用户对绘图没有要求，则应在了解数据处理结果的前提下更新系统状态。各项环境监测的信息数据汇总后，如有异常，该软件会立即报警并不断重复打开和运行该系统，指导危机解除或迫使使用者快速退出系统。流程的具体说明如下。

（1）系统重置：先将数据库中储存的信息进行初始化操作，再对通信串口和在显示界面上布局的传感器节点进行复位，服务器发送指令打开串口设备并生成实时数据传给显示界面。

（2）指令发布：首先判断串口通信的状态是否开启，如果串口打开了，就发布指令数据信息；如果没有开启，服务器就发送错误信息给用户，用户接收到指令并停止所有业务的运行。

（3）数据采集：在进行串口通信数据采集时，当遇到故障导致串口通信超时，服务器就会再次启动数据采集，并发送数据读取指令给串口通信设备。

（4）数据转换：将采集的串口数据进行合理化效验和解析，服务器功能是将数据格式进行必要转换，如将字节型的数据转换为浮点型的数据。

（5）图表生成：图表绘制业务是将用户绘制好的数据传递给制图表生成

模块。这个模块能够在线性图表下绘制好需传达的数据，方便用户根据自定义的信息节点实时观察数据的变化。

（6）系统更新模式：系统界面中每个节点都可以通过更新显示实时状态，如果串口传回的信息与原有信息不同，那么系统界面会实时更新；反之如果系统状态和返回信息没有异常，就不需要更新；不然就要根据节点作出相应的改变，并向用户报警。最后，对系统是否需要重复业务流程进行判断。整个业务流程具体如图 5-6 所示。

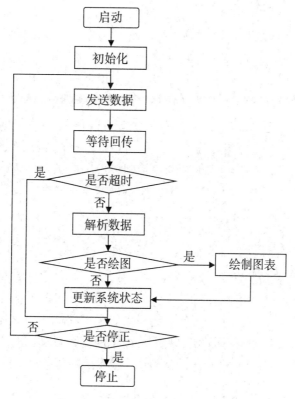

图 5-6　监测业务流程

5.2 高校实验室设备嵌入式终端的设计

5.2.1 高校实验室设备嵌入式终端整体设计

5.2.1.1 设备管理终端的功能需求

对于设备管理终端的设计和研发来说，分析其功能需求是其中一个重要的环节，该设计的最终目的是实际应用。因此，设备管理终端在研发设计的过程中应遵循以下原则：一是经济可行原则，即重点考虑开发和运行实验室的两大嵌入式终端所需的成本，尽可能以低成本获得高效率；二是运行可行原则，需要从以下三个阶段对系统运行的可行性作出评价——设备管理终端研发设计前期的规划阶段、分析决策阶段、落实科研设计实现设备管理终端的阶段；三是技术可行原则，该原则要求研发设备管理终端所使用的技术可靠、成熟，在研发过程中能顺利应用，并发挥效用；四是进度可行原则，表示对项目的最后时间进行合理性的衡量。

5.2.1.2 工作流程

设备管理终端是实验室设备管理中的重要分支，它的任务是负责采集和识别实验室设备的工作信息，将采集的设备信息进行系统分析，得到实验室设备的实时工作状态和运行总体情况，给设备管理的终端提供整体方案的设计依据。设备管理终端读取电子标签、条形码中的信息，并最终显示所读的数据，并把信息通过 Wi-Fi 的方式传递到计算机的数据库中。

5.2.2 高校实验室设备嵌入式终端主要技术

根据实验室的管理要求，可将设备管理终端设计成软件与硬件两个部分，其中软件部分的服务器用到了 Linux 操作系统，数据库用到了 SQLite 软件，软件界面开发用到了 Qt 图形界面设计；硬件技术包括 RFID 技术、Wi-Fi 技术以及条形码技术。

5.2.2.1 RFID 技术

RFID 技术属于一种自动通信技术，可以在没有直接接触的情况下发挥作用。这种技术最开始是在第二次世界大战中得到应用的，其目的是识别敌方军机。在国内外应用在邮政包裹管理、物流行业、动物养殖管理以及门禁控制等各行业。此外，天线、阅读器、射频标签、发射接收以及编程器都属于 RFID 技术。

（1）RFID 标签。根据实际应用场景的要求，RFID 技术主要应用了射频标签的读取识别。RFID 射频标签主要包含标签信号发射天线、标签射频感应线圈、标签数据存储器、射频感应电流生成电路和数据处理的微集成电路[①]，基本结构如图 5-7 所示。

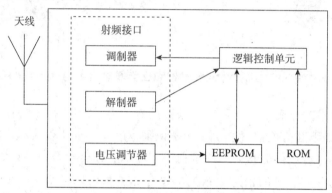

图 5-7　RFID 标签框架图

（2）阅读器。阅读器一般由读写模块和天线模块组成，它主要通过射频技术读取射频标签数据信息，或在标签中写入数据信息，接着以无线通信技术管理计算机并保存。

（3）编程器。将可读写标签系统应用于编程器中，对数据信息进行合理的编辑，这样 RFID 标签就能拥有可编程器系统。编程器的工作流程是先将编程数据写入标签发射器中，再把携带数据的发射器与被贴标志的标签结合起来，通过离线编写的方式将数据信息写入编程器中，完成编程。

（4）天线。天线是一种发射、接收、传输数据信息的装置，常用在射频标签和阅读器中。使用天线时，数据信息的接收和发出会受到天线形状、相对位置以及自身功率等方面的影响。因此，天线的设计往往需要专业人员完成。RFID 工作时，由处于磁场范围内的电子标签迅速地将标签中的数据信息读取

---

① 于忠清.基于图像处理的嵌入式条码识别系统及应用研究[D].青岛：中国海洋大学，2007:35.

出来并及时处理，① 工作原理比较简单，如图 5-8 所示。

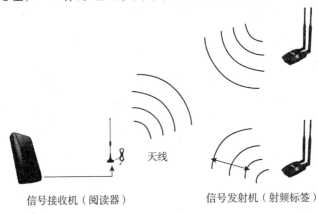

信号接收机（阅读器）　　　　　　　信号发射机（射频标签）

天线

图 5-8　RFID 工作原理

RFID 技术操作简单，对环境有很强的抵抗力，能够在恶劣的环境中工作，该技术具有如下几方面的优势。② 一是识别速度快，处于射频电磁波范围内的 RFID 阅读器，可以同时接收多个 RFID 标签中的数据内容；二是大存储容量，RFID 标签能存储较多的信息，数据信息存储容量可以自定义扩展；三是寿命长，外界环境因素对该技术的使用几乎没有影响，因而该技术有较长的使用寿命；四是更改数据便捷，RFID 标签是由编程器通过射频电路写入标签存储器的，根据工作需要，RFID 标签可以随时对数据进行更改，所以 RFID 标签方便重复应用；五是高可靠性和安全性，将 RFID 电子标签在写入数据时设置密码，这样就能起到信息保护的作用，产品的信息安全就可以得到保障；六是实时动态通信，利用该技术，可以实时监控并追踪产品，获取动态的通信状态。实验室中有很多的实验设备具有效率高、信息保存时间长、储存空间大等特点。因此，在实验室的管理工作中，RFID 技术能够发挥巨大的作用。

5.2.2.2 条形码技术

随着计算机网络技术和新一代信息技术的飞速发展，利用光学设备扫描识别条形码的技术已经完美应用在各行各业。目前，条形码技术主要由数据采集部分、条码识别系统、条码编码系统、条码印刷系统等构成，主要应用在超

---

① 欧阳雪松，李光.新型的自动识别技术：RFID[J].计算机与网络，2005(8):53-54，56.

② 陈光勇，燕宏娟.分析高速公路机电设备故障成因及预防控制措施[J].城市建设理论研究（电子版），2012(22):15.

市商品销售、物流管理和设备信息识别统计中。条形码技术的工作原理主要是利用光学扫描仪器识读条形码中的数据，光学设备将条形码数据进行解码，再将识别的数据发送到计算机系统实现信息的处理，并进行自动化管理。

条形码技术在很多行业和企业中已经应用得非常普遍，发展得越来越成熟，如在商品管理、物流管理、超市管理和图书管理等领域。光学条形码自动识别技术，主要是通过非直接接触的方式，其组成是将一系列粗细不同的条纹按照一定规则和不同分布距离进行排列的编码。这些按照条形码技术进行编码的信息可以识别数字、字符和符号的数据信息，这些数据能完全表达物体的基本状态信息。条形码技术的主要功能为：通过光学扫描实时了解产品的基本信息和运行状态，帮助其跟踪管理；保证产品的标识具有规律性和唯一性；较完整地保存好产品的基本信息，不容易弄丢；通过光电阅读器非常容易读取条形码表示的数据信息，省去人工输入环节；条形码使用操作非常便捷，直接用光电阅读器扫描条形码，通过识别系统将条形码编码信息转换为标准数据；条形码的使用成本非常低廉。条形码使用便捷而且操作简单，目前在实验室仪器设备的管理中已经基本普及。目前，高校实验室的每台设备基本都张贴有设备标签，设备标签上面都有表示设备基本信息的条形码。这个条形码标签是在采购入库设备时，由学校固定资产管理系统自动生成并表示唯一身份信息的数据。通过这些设备标签，管理人员能够便捷、简单地维护和管理实验室的设备，在不断提高工作效率的同时，也使实验室的设备管理维护更为便捷。

5.2.2.3 Wi-Fi 技术

Wi-Fi 技术主要是采用无线信号的方式在百米范围内进行网络通信，移动通信设备、手机、计算机等可以利用无线信号进行传输和通信。在数据的传输过程中主要有如下特点：体积小，Wi-Fi 通信模块一般集成在主板上，是很小的芯片；射频信号强，因为它的信号很强，所以在传输中不会失真，而且抗干扰能力很强；低功耗，Wi-Fi 工作中只需一个电池，而且工作几年内只需要更换一次电池；安全性高，对传送的信息进行加密。[①] 设备管理终端的设计需求是体积小、低能耗、高可靠性、远距离传输等，因而利用 Wi-Fi 技术实现终端通信是非常好的选择。

---

① 王和，刘光斌，程俊仁，等. 卫星导航接收机抗干扰测试评估方法研究 [J]. 无线电工程，2014(03)：5-7，31.

5.2.2.4 Linux 系统

在日常应用中，嵌入式操作系统主要包含 Linux 系统、Palm OS、WinCE、VxWorks 等，它们都是进行嵌入式开发的主流应用系统。Linux 操作系统有其独特的优势，与其他系统相比有如下优点：开放性，只要提供的硬件符合国际标准，不论是哪个生产厂家生产的都能完美兼容；高容错性，用 Linux 开发的嵌入式系统具有很短的开发周期，对错误信息能及时修补；应用资源丰富，全球研究嵌入式 Linux 系统的人众多，研究资源丰富；Linux 是开源系统，更新速度非常快，而且能免费下载更新；软硬件设备分离，硬件可以通过驱动程序与终端设备系统进行连接，软件控制终端设备，终端设备控制连接的外设硬件；网络服务强大，嵌入式 Linux 拥有很多网络应用软件，而且只要简单的命令就能调用文件传输和内部的信息；应用可移植性高，嵌入式 Linux 开发的应用有运行平台无关性特点，能完美地在其他平台中兼容运行。[①]Linux 系统在全世界有非常庞大的研究团队，而且大家的研究都是开源共享的，能在很大程度上缩短开发周期，并且对数据库的建立和用户界面设计有完整的解决方案案例，因而利用 Linux 作为嵌入式开发环境是最优选择。

5.2.2.5 SQLite 数据库

SQLite 数据库是一款免费的，而且容量小、结构简单、无须服务器配置的数据库引擎，应用在嵌入式系统中能有效解决数据读取时间延时、运行消耗系统资源等难题。它具有零配置、具有 ACID 事务；能建立起完整的数据库，并在某个磁盘中存在；容量小，有利于内存的节约；API 简单而又轻松；和所有的软件都没关系等优势。本系统的数据库设计过程采取的原则是：尽可能保证数据的整体性；尽可能减少数据冗余；在设计中要求有快速查询数据的功能。利用 SQLite 数据库引擎可以轻松解决嵌入式系统开发对数据库系统的要求。[②]

5.2.2.6 Qt 技术

Qt 技术是奇趣公司研发的专用于嵌入式开发的简单图形操作界面，此界面是一个可以跨越的平台，其系统框架是由 C++ 应用程序构建出来的。该图形用户界面的各种应用程序可以满足开发者的功能需求。此外，该界面还具有

---

① 刘珊 . 关于普通高校嵌入式系统教学的探索 [J]. 电脑知识与技术，2008(26)：1755，1760.
② 庾贵贤 . 人力资源网络数据库的 ASP 和 SQL 技术的设计探讨 [J] 软件，2014(3)：136-137.

易扩展的优势，面对自由的组件也能够完成编辑任务，具体表现在：

支持跨平台使用，大多数操作系统都支持该界面的使用；其本身具有高度模块化的特点，不仅开发方便，还可以反复使用，对其面向的对象非常友好；其具有种类丰富的 API，其中 C++ 类的 API 有 250 个；可开发出多种文档，并构成众多由 2D/3D 渲染的图形。根据实验室中管理设备的各项需求，本设备管理终端需要很多界面设计，通过 Qt 开发能提高工作效率，而且所推行界面具有较好的质量。

5.2.3 设备管理终端硬件设计

设备管理终端用来传输和采集实验室设备的数据并进行登记和管理，其具有强大的功能，且携带方便。为了节省硬件电路板可使用的物理空间，设备管理终端硬件应尽量设计简单，以便进行硬件调试；必须采取模块化的设计方案，其是由五个部分组成的，即 RFID 模块、核心、Wi-Fi 模块、显示 / 触摸屏模块和条形码模块，每个硬件模块中都具有核心板模块。此外，还有一部分模块借助串口的通信模式组建整体的设备管理终端。硬件的设计框图如图 5-9 所示。

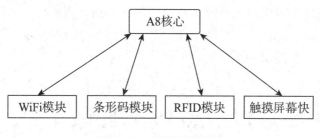

图 5-9　硬件设计框图

5.2.4 设备管理终端软件设计

设备管理终端整体软件设计主要是由 RFID 射频模块、核心模块、Wi-Fi 模块以及条形码模块构成的，各个模块围绕其具体功能分别开展软件的开发工作，最后由接口程序将其全部整合，其整体框架的设计如图 5-10 所示。

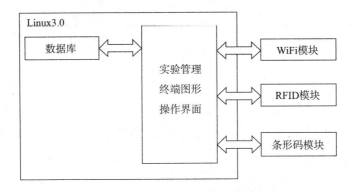

图 5-10　软件设计的整体框架

从该软件的整体架构上看，其中所有的模块软件均以嵌入式的形式设计在该框架中，结构性强，具有一定的层次。先将嵌入式 Linux 系统植入底板模块，为软件系统搭建运行基础，使软件应用层次的设计更为便利；之后开发出图形应用软件，实现人机交互，同时提供多种接口，对接键盘模块、射频模块以及 Wi-Fi 模块。其余三个模块通过条形码模块对数据进行采集和录入；Wi-Fi 模块是通过无线通信程序，把数据采集后输送到数据中心；RFID 射频模块是在射频通信程序中完成设备身份的射频识别。当系统启动后，设备中设置的管理系统随之启动，用户使用用户名和密码在界面登录后，可以根据需要直接在主界面选择使用各个模块。

5.3　高校实验室智慧门禁终端的设计开发

5.3.1　高校实验室门禁终端技术介绍

随着近年来我国高等教育的快速发展，高等院校的实验室建设走上了快速发展的道路。尤其在一些高等职业院校以及应用型本科院校中，实验室的管理以及重要实验设备的维护，已经成为人们关注的焦点。但是，由于大学的不断扩招，教师队伍的不断壮大，实验室日常使用的频率越来越高，建立一套成熟、可靠、安全的智慧实验室门禁系统已经成为众多高等院校共同的需求。当前实验室开放管理主要还是通过传统人工管理方法，实验室的进出与开放、实验室使用效率的记录与统计、实验室日常安全检查都是由管理教师或者勤工助学的学生通过人工方式完成的。这种管理模式极大地限制了人力资源的效率，也容易造成记录与统计的失误，因而已经不适用于如今开放实验室的建设要求和实际情况。正是基于此类情况，很多高校开始尝试使用基于 RFID 技术的身份认证卡片，但是这种 RFID 卡片易盗取、易丢失、易消磁，购买成本也较大，受用面较小，只能用于日常管理人员使用。因此，很多高校的 RFID 门禁系统只不过是将传统钥匙变成了非接触式 RFID 卡片，只是实现了实验室管理的信息化，并没有真正实现实验室管理的智慧化。基于当前我国高等院校实验室管理所存在的问题，这里提出了基于人脸识别技术服务高校实验室的日常开放管理的建议。

5.3.2　技术基础

5.3.2.1 人脸识别技术基础

人脸识别技术基础分为两个模块：人脸图像采集和人脸图像识别。核心原理是通过人脸特征的唯一性把人脸中的某个特征点当作基础特征点，对这个特征点建立直角坐标系，并在坐标原点的距离、位置、角度等特征量的基础上分析和汇总得出的结果。因为个体不同、人脸特征也不同，所以得到的特征结果是唯一的。在人脸识别技术基础上建立起来的门禁系统是通过人脸采集模块采集识别验证者的面部特征，按照系统所设定的逻辑判断算法，计算特征结果，与之相匹配，完成开门和关门的动作。现阶段人脸识别技术在慢慢地成熟化，人脸识别技术的健壮性也更加稳定。

5.3.2.2 互联网技术基础

通过人脸采集设备收集到的人脸特征信息，将通过 TCP/IP 网络通信协议的方式，与系统服务器进行通信。如今，主流互联网终端系统采用了 B/S 和 C/S 两种体系架构。考虑到系统的可移植性以及用户体验和使用的便捷性，系统采用了基于浏览器 / 服务器模式的软件体系结构，并使用了 Apache ＋ PHP ＋ MYSQL 的后台开发框架。PHP 语言是现在较为流行和成熟的一款编程开发语言，虽然属于弱类型语言，但是具有良好的代码执行效率、高效的开发速度以及良好的可移植性和可扩展性，因而建议系统采用以 PHP 语言为基础，基于 B/S 结构的软件体系结构。

5.3.3 系统设计

5.3.3.1 系统基本工作流程

本套在人脸识别技术的基础上所建立起来的高校智慧实验室门禁系统，由智慧实验室预约系统和人脸识别门禁系统两大子系统组成。人脸识别门禁系统主要的硬件设备是由语音播报设备、人脸采集摄像设备、电子门锁、门禁系统控制终端以及相应的服务器和计算机终端等组成的。人脸采集设备主要是用来检测人脸和采集人脸特征信息；门禁系统控制器的功能是发送人脸采集信息和接收终端指令；电子门锁是对智慧实验室门锁进行解锁和封闭；语音播报设备是人和系统间的人机交互，将门禁判断结果以语言的方式向人验证并反馈。硬件系统结构组成：人脸采集设备（通过人脸信息采集）→系统服务器（通过逻辑数据传递）→门禁控制器（通过传递播报语音）→语音播报器；同时门禁控制器（通过物理控制开闭）→电子门锁。

人脸识别门禁系统不但包括硬件设备，还能实现人脸图像识别采集系统和智慧实验室预约系统间的配合。智慧实验室门禁系统在实验室外侧的人脸图像采集设备进行人脸情况的采集，并把所收集的数据传送到智慧实验室的预约系统，根据采集到的数据判断使用人的身份信息，同时根据实验室的使用预约记录对该人员是不是这个时段内的实验室使用人本人进行核实。经判断，如该使用人是本时间段内的使用实验室的人，门禁系统就会自动解锁，开放实验室；如和本实验室的开放条件不相符，那么就会提示相应的信息，门禁系统仍然是关闭状态。

5.3.3.2 智慧实验室预约系统工作流程

智慧实验室预约系统主要分为两大模块：教师的人脸信息采集和实验室的预约。其中，教师人脸信息采集主要是教师的注册、审核使用资格和采集人脸图像信息，有利于系统的正常运作和基础信息的采集。这个模块的工作流程是：教师注册→管理员审核→线下人脸采集→人脸采集数据写入数据库。

教师通过智慧实验室预约系统进行注册，根据要求填写好教师的相关信息并提交给实验室的管理员进行资料审核。通过审核后，管理员对教师实行线下人脸图像信息采集，并在系统人脸数据库汇总存入采集到的人脸信息并进行系统的配对。实验室的预约功能是本系统的最主要功能模块。教师成功注册并申请系统中的实验室预约功能后，可填写上课所需的实验室预约申请，提交给实验室管理员进行审核。教师填写预约日期和当天所预约的时段，完成申请后在系统个人中心对审核进度进行查询。如果这段时间内有其他教师提出申请并通过审核，那么这个申请就不能正常提交，并会弹出提示信息。以上两个核心模块可以让系统按照教师自身的需求提出对实验室的开放申请。在申请通过审核后，教师会根据约定的时间段完成实验室门口的人脸识别，通过识别后实验室自动开放。

5.3.3.3 人脸识别门禁系统工作流程

人脸识别门禁系统安装在实验室门锁处采集人脸的图像信息。当人脸图像采集识别区有教师登录的话，位于人脸采集终端前方的高清摄像头对图像开始进行采集。人脸采集设备先是检测在人脸的图像识别区中是不是存在人脸图像，如有人脸图像则进行人脸特征的采集工作，在缺乏光线等自然因素条件下不能对人脸图像提出相对应的提示信息。信息采集后通过传输系统传送到后台主机判断特征值，对人脸数据库的信息池进行筛选比对，从而确定被采集人员的身份和信息。当系统服务器确定好人员信息后，会比对实验室预约系统中的预约申请，并判断这个人员是不是本时段内的合法使用者，如判断成功，就会把开门信息发送给门禁控制器，通过门禁控制器执行开门操作并提供相应的信息；如发现该人员不是本时间段内的合法使用者，就会发出警报，并在实验室开放日志记录中记录视频信息数据并进行保存。人脸识别门禁的工作流程包括：开始→人脸定位与识别→检测是否存在人脸（否，继续人脸定位与识别；是，进入下一步）→人脸信息采集（通过信息传输）→系统服务器→（结合人脸数据库）身份判定→是否通过（否，提示错误信息记录视频数据；是，发送开门命令给门禁控制器）→结束。

5.3.4　实验室智慧门禁系统优势

人脸识别技术如今已经日趋成熟并广泛应用于各种门禁系统，而高校实验室的开放和日常管理依托人脸识别技术的发展能够得到质的飞跃。高校智慧实验室的门禁系统把传统的实验室开放管理和人脸识别技术有机地结合了起来，依托这种新兴的、带有突破性的自动识别技术，可以实现高校实验室的智慧化管理，创造性地将教师预约功能与人脸识别相结合，解决困扰高校实验室管理人员的实验室排课问题，有效降低实验室管理员的工作压力和强度。同时，这种新型门禁系统兼顾了预防和报警的功能，对于恶意闯入的人员可以进行识别和记录，提高了整个实验室管理的安全性，具有良好的实时性、应用性和创新性。

5.4 高校实验室智能移动终端的设计开发

5.4.1 高校实验室管理系统中智能移动终端的开发

5.4.1.1 基于智能移动终端的高校实验室管理系统介绍

计算机技术为高校实验室管理系统提供了核心的技术支持。在相关理论的基础上，可以通过互联网搭建实验室的管理系统，如数据库服务器、计算机控制中心、感应器和嵌入式显示器等，其中高校实验室的管理系统是指将互联网接入智慧移动终端，并为其搭建多种操作系统，实现智能化、信息化的实验室管理，该系统中的各种功能可以结合用户的需求进行制定。[①] 站在开发智能移动终端的角度上看，高校实验室管理系统中的硬件结构可分为三个部分，即主控中心、数据库服务器以及 RFID 阅读识别器。

利用识别算法、主控中心存放控制算法等多种算法调取并分析数据，有助于判断实验室设备的真实状态，检查实验室设备的运行状况，实现集中监控与维护高校实验室的运作，在高校实验室中这种运行机制就是管理系统中的中央管理机制。

数据库服务器由芯片组、总线以及处理器三部分构成。在整体数据库服务器中，处理器扮演着"大脑"的角色，指挥数据库服务器正常运转；芯片组可视作数据库服务器的骨架，能够为总线提供多种信息数据；而总线在服务器中承担着"神经"的角色，主要负责接收各地发出的数据信息，并将之传输给处理器。而数据库服务器是一个整体结构，通过无线网络归纳收集到的实验室数据结构和功能并加以抽象化，形成某种模型直观地表现出数据间的关系，使师生或实验室的管理人员能够获取实验室的数据信息。在高校实验室管理系统的数据库服务器中，主要有实验室数据实体、故障数据实体和设备数据实体三

---

① 彭晓波，唐璐，张红涛，等.基于 Android 平台的实验室智能管理系统 [J].继续医学教育，2017，31(10)：68-69.

种数据模型实体。① 把这些数据实体归纳和抽象后加入二维码中，通过阅读识别器的方式显现数据。

　　RFID 阅读识别器可以控制无线载波发送到数据库服务器中的数据信息并加以读取，并解码其所接收的信息数据，再将所得信息反馈到数据库服务器中。RFID 阅读识别器主要由射频接口、天线②、摄像头以及逻辑控制单元模块四个部分组成。射频接口由时钟发生元件、接收器、发射器以及电压调节片组成。在计算机中，这些元件与数据库服务器和 RFID 阅读识别器构成了有效的连接，能够完成信号的调控、发射和接收。摄像头能够读取二维码中的信息和数据，还能够将其转化为文本信息，以便用户直观地阅读。微控制器与储存单元共同组成了逻辑控制单元模块，主要负责完成相关数据的解码工作，除此之外还负责执行主控中心与数据库服务器发出的指令。图 5-11 为 RFID 阅读识别器的构造图。

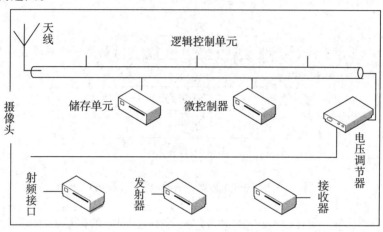

图 5-11　RFID 阅读识别器的构造图

5.4.1.2 基于智能移动终端的高校实验室管理系统的设计构想

　　高校实验室的管理系统软件设计是建立在智能移动终端基础上的，主要由两部分组成，即扫描识别设计和实验室的设备故障决策树算法设计。

---

① 胡伟，郭龙，李启贵，等.基于传感网的高校实验室智能管理的设计 [J].物联网技术，2017，7(4)：117-120.

② 杨远新，崔忠伟，刘卓，等.基于 Java Web 的高校实验室智能管理系统的设计与实现 [J].电脑知识与技术，2017，13(31)：74-75.

（1）阅读扫描识别过程。二维码的设计是一种特殊的图形标记，是由一定宽度的多个黑白条形图根据某种规律平行排列而成的。二维码用来表示某种数字、字母或两者组合后的信息。[①]RFID 阅读识别器识别二维码的过程，具体如图 5-12 所示。

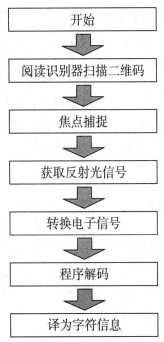

图 5-12 RFID 阅读识别器识别二维码的过程

条形码由黑、白两种颜色的条块组成，RFID 程序解码后，条形码就会被翻译为字符信息。使用摄像头或者阅读识别器扫描二维码时，就可以获得一组明暗相间的反射光信号，在相关的元件中进行光电转换后，光信号就转化成为电子信号。实验室制作课程表时也可以将统计的日期和教室信息制成二维码，当使用移动设备扫描二维码时，就能够获取实验室在任意时间段的课程安排，包括课程名称、授课教师、听课人数限制、听课班级以及实验室的设备信息等。

（2）实验室设备故障决策树算法。高校实验室设备的安全问题是实验室管理工作中最需要注意的地方。故障决策树算法和数据库的设备信息相结合，通过决策树算法处理实验室的设备故障信息，给实验员的安全检查和管理提供

① 邹亮，赖众耀，庞钰驹，等.基于移动智能终端的道路交通参数人工调查系统设计[J].实验室研究与探索，2017，36(4)：49-51.

了数据支持。决策树算法的基本思想是从顶向下建构决策树，经过三个界面分枝节点、根节点和叶子结点对设备数据进行分类。因为出现的设备问题不同，所建构的分支结构也存在着差异。先是通过基尼指数公式对数据进行过滤[1]，具体公式如下：

$$H(D) = -\sum_{k=1}^{k} \frac{|C_K|}{|D|} \log \frac{|C_K|}{D} \tag{5.1}$$

其中，$H(D)$ 是设备数据的经验熵，通过经验熵进行数据过滤；K 是设备数目，表示的是设备信息的分类；D 表示的是设备信息的属性值。然后就是设备数据的评价，评价函数具体如下面公式：

$$C(T) = \sum_{t \in leaf} N_t \bullet H(t) \tag{5.2}$$

公式中，$C(T)$ 是评价指数，即评价设备故障的指数；t 是设备数据的子节点；$H(t)$ 是设备数据的节点数；N_t 是过滤后的数据子节点。上面的公式是实验室数据过滤后的表现，具体表现为获取设备故障的相关信息并进行分析。

5.4.2　基于移动终端的信息智能化实验室的构建

5.4.2.1　信息化和智能化实验室的构建

智能终端设备通过智能应用软件进行控制，利用智能终端将实验室内部仪器设备实现完美无缝的连接。通过智能软件平台、通信网络设备，管理人员可以远程监控检测仪器，实现智能化、自动化管理，有助于及时获得监控环境及检验过程的动态监测信息，智能处理各种数据并生成报告。

5.4.2.2　信息化和智能化网络的建设

（1）建立无线局域网。要想将智能移动设备通过网络连接起来并进行通信，就要组建一套 Wi-Fi 无线局域网络。在每个实验室安装无线路由器，用于接收和发送智能终端传输的无线网络信号，再将这些无线路由器通过光纤汇入中心机房的交换机。实验室可以在电源接口处安装智能插座，通过智能终端控制电源的开合状态；还可以将视频监控数据、电脑网络数据、其他移动智能终端通过 Wi-Fi 连接到局域网进行通信。各类移动智能设备要想在局域网中进行正常的通信，所有智能终端必须符合 TCP/IP 网络通信协议，每个设备都

---

① 苏东伟，梁志坚，贺秋丽，等.基于微信平台的高校开放实验室预约系统的设计与实现[J].信息通信，2018(1)：160-161.

要设置自己的 IP 地址，这样就可以利用 IP 地址实现局域网中智能终端的精确控制。

（2）设置控制软件。在移动设备上安装 App 控制应用软件，在计算机上安装智能终端远程控制软件、电源开关控制软件、视频监控平台、路由器控制软件和智能语音等移动智能设备应用软件。

（3）智能化网络运行方法。当实验室进入开放模式，管理人员经过实验室技术人员的授权发送运行指令，实验室里的智能终端会接到开机运行指令并进入工作状态。整个操作过程可以通过移动终端 App 和计算机智能终端管理软件实现远程操作。例如，在正常实验课程进行前，实验室管理人员通过远程控制，可以将实验室里面的智能设备通过无线网络实现在线唤醒，学生进入实验室可以发现，空调、电灯、窗帘、实验设备电源都已经自动开启，教师和学生只需要按照实验流程进行实验就可以了。实验前的环境准备工作由智能网络和智能终端通过远程控制自动开启。同时，实验室管理人员还可以通过智能监控终端设备，在实验室控制室里查看实验室运行的实时视频信息，让实验室工作人员及时了解实验室内的工作状态，当观察到有实验风险的时候，可以通过远程扩声设备进行提醒，也可以迅速进入现场进行指导，将风险因素降低到可控范围。同时，如果对实验过程有疑问，可以调取视频录像进行回放检查，这样可以做到有据可依。当空气传感器检测到实验室环境污染超标时，智能终端会开启排风系统进行空气交换，还会随时监控实验室的温度和湿度，实时控制实验室空调进行动态调节，让实验室各项环境指标均符合实验标准。实验室内的各类智能终端采集到的数据会及时存储到服务器数据库，在智能控制终端的大屏显示界面可以查看到实时的设备运行情况图，还可以利用大数据技术，将采集到的数据进行分类汇总，得到实验室设备的运行效率。实验结束后，各智能终端会自动根据开机模式的反向模式实现关机操作，这样整个实验过程实验室设备就可以自动运行，不仅节省大量的人力物力，还能将实验室设备的运行数据集中存储、集中管理和集中智能分析。

（4）智能软硬件的功能。实验室智能管理主要利用智能软件通过计算机网络通信实现对终端智能硬件设备的控制。智能硬件主要包括智能网络中的各类网络设备，这些网络设备可以实现强大的网络通信功能。在网络通信中一般用到无线网络、光纤网络、4G/5G 网络，这些网络设备有强大的通信流量带宽，能保证各终端数据的及时通信。多校区实验室的网络可以利用 VPN 网络或者光纤专线进行通信，这样可以解决异地访问。同时，网络设备还拥有强大的网络防火墙功能，在网络设备上配置应用，可以实现网络通信的认证访问，只有经过认证的设备才能在网络上进行互联互通。

实验室智能软件的功能就是对实验室里面所有智能设备终端信息进行数据信息采集与远程控制。智能软件可以通过网络中智能终端的 IP 和 Mac 地址识别控制，因为每个终端的 Mac 地址是唯一的，将 IP 地址与 Mac 地址进行绑定，就能识别唯一智能终端的基本信息。这样也可以保证智能终端的网络设备接入安全，只有认证的设备才能接入智能软件平台。服务器软件具有多样化功能，主要有日志的登录、访问权限的设置、数据库的维护等。在智能软件设计的过程中要达到相应的安全标准，符合计算机信息系统国家级安全标准。同时，还要开发移动端设备的 App 应用，将 App 安装在手机、平板和移动终端上，因为这些设备不但携带方便，还能利用 App 软件进行智能控制，能实时观察实验现象，对实验数据、实验视频进行记录、处理、存储和追溯，实验室智能软件平台的实验需要进行电子签名才能登录。实验室智能控制软件可以实现实验室管理的科学化、智能化、简单化、标准化、规范化，有利于实验室更好服务师生，服务教学，让实验室的运行效率发挥到最大限度。[①]

（5）智能终端应用的优缺点。为了保证智能系统环境运作的实验室管理更加合理化和规范化，更具有实际性和科学性，[②]应将智能化终端系统和平台以及实验室管理通过现代信息技术有机地融合在一起，完成实验室动态化的智能管控，将智慧控制理论融合到实验室信息化管理中。这样不仅可以节省大量的人力物力，还能有效提高实验室管理水平，提高实验室的运行效率。虽然智能终端的应用会带来实验室管理的诸多便利，但是也存在缺点，主要缺点是智能终端设备的运行维护稳定性不完善。智能终端应用在实验室初衷是好的，但是在实际工作中网络连接和实验操作人员的错误操作很容易导致终端设备的断线或者失联，智能终端设备在稳定性上还需要继续加强研发。这就需要实验室管理人员加强终端设备的管理维护，定期巡检，发现问题及时解决问题，保证智能终端设备一直正常运行。

据工业和信息化部统计，截至 2018 年年底，已开发的 App 约有 440 多万种，数量庞大，种类繁多。因此，在选用时没有最好的，只有最合适的。实验室的基础条件和各种环境监测仪器设备相结合构成了本系统，应用于功能适用、便于管理、适用性强、应用广泛的智能设备或计算机应用软件中。多种软

---

① 蒋红进.卫生检验实验室数字化管理的实现 [J].中国卫生检验杂志，2004(5):626-627.

② 吴良，邹志宏，吴文华，等.智能实验室管理系统的开发与实践 [J].实验室研究与探索，2012，31(5)：169-172.

件组合，满足不同的功能需要，实现智能化、信息化的管理。这些软件互相关联，辅助系统升级和强化，降低智能终端的成本，有利于构建更加完备有效的实验室管理系统。

软件应用和智能硬件最主要的是检测数据，保证客户信息的安全。其中，信息化和智能化的管理以及实验室的自动化检测仪器是否普及和网络是否流畅稳定有关。因为 5G 的功能没有得到全面普及，所以智能终端应用最主要的是要有畅通的网络，而有些智能软件在断网后需重新启动。在网络技术的作用下以及仪器设备、智能终端和计算机终端操作软件的配合下，智能终端设备能对信息和数据进行处理、分析和汇总，实行智能化和信息化的全面管理，还可以智能操纵实验仪器设备的运作。这种在网络和管理的共同作用下形成的智能设备能够在很大程度上节约人力，提高工作效率，规范实验室的管理。这种方式设备的投入不多，方便安装，操作也较简单，使用起来也安全，应在高校实验室智慧化管理中得到广泛推广和应用。

第 6 章 高校实验室开放管理模式与机制建设创新

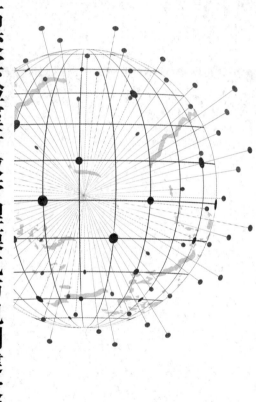

6.1　高校实验室开放管理模式建设

6.1.1　实验室开放管理意义

由于受到环境和条件的限制，现在的高校实验室开放政策还处于探索阶段，没有落实到真正的运作上来，但是高校实验室开放的理念一直被人们所呼吁。现代科学技术的发展和社会的进步使教育行业和各个高校对于实验室开放管理有了新的认识，对于实验室开放管理的重要性也进行了探索和尝试。高校实验室建设水平的提升和开放管理力度的加大，可以提升高校的实验教学水平，同时也体现了实验室师资力量，有利于提高学生学习效果。

高校实验室不但是教学场地，同时还承担着一定的科研任务，许多前沿性的科学研究都需要高校的实验室环境和设备的支持才可以完成。这也是高校实验室对外开放管理之后，能够接收更多的科研项目的先决条件。在传统的教学模式下，高校实验室是通过国家审批的形式来进行实验教学管理的。这也就意味着，在没有教学任务和规定的前提下，其他学生无法进入实验室进行学习，实验室大部分时间处于封闭状态。素质教育提出后，高校为了提高学生的整体水平，需要借助实验室的环境和条件对学生进行现场教学，这种教学模式就要求高校实验室进行更多的开放式授课。从培养实用型人才和提升素质教育水平的角度考虑，将高校的实验室管理由封闭、半封闭状态转为开放状态具有重要的教育作用，具体从下面几点进行分析。①

首先，在提倡素质教育的前提下进行的高校实验室教学改革要求转变实验室的教学管理方式，这种转变就体现在对高校实验室实行开放式的管理上。高校实验室教学是高校教学任务的重要部分，尤其是在理工科院校中，有些课程的设置就离不开实验室这种场地，这也是进行素质教育所必需的途径，是高校教学改革的重要方面。如果没有实验室的开放管理，高校教学改革就很难落实到位，这样就会使教学改革变得苍白、无力，很空洞，没有了具体的实施内

---

① 王文和，李海霞，周博，等.应用技术型高校实验室开放现状及对策探讨[J].价值工程，2016，35(3)：199-200.

涵。实验室的开放管理可以使学生有更多的机会投入实验课程当中，通过动手操作和实践运用将书本上的理论知识和生活联系起来，可以提高教学质量，更好地发挥实验室的功能和作用。在开放的过程中，更多的学生融入实验室的管理中，不仅可以提高学生的自主管理能力，更好地发现实验室的不足和缺陷，也有利于实验室的改造和完善，为实验室教学提供创新的机会。[①]

其次，实验室开放管理是对传统教学模式的挑战和补充。传统意义上教师站在讲堂上讲、学生在下面听的被动的教学模式并不能将教育的深刻内涵体现出来。对于学生而言，授课效果很容易受到各种外界因素的干扰，授课模式又过于枯燥，很容易逐渐失去学习兴趣。开放式的实验室教学模式是传统教学模式的一种补充，将传统教学模式中学生"被动地学"转变成了学生"主动地学"，通过自发的积极的探索，能够更加深刻地理解书本上的知识，并且在动手操作的过程中也丰富了实践经验。

最后，实验室的开放管理可以更好地体现高等教育中的自学精神，使想学习、想进步的学生能更多地接触到实验课程，自主、积极的教学环境不仅能够使学生觉醒自我意识，还能够提高学生们的创新精神。开放型的实验室可以为更多的学生提供实验环境，增加学生的动手机会，为学生提供充足的实验时间，就像高校的图书馆一样，可以使学生随时随地进行学习。这种自学精神能够更好地促进学生科研精神的养成，从而为我国教育和科研事业的发展培养高素质人才。

6.1.2 实验室开放管理作用

在课堂授课这种传统教育模式，注重学生的理论知识的传授却往往忽视了学生实践操作能力的培养，最终导致培养的学生动手能力差，只会"纸上谈兵"。因此，现阶段提高学生的科研能力和实践操作水平就是教育的重中之重。实验室开放管理实施后，学生分析问题、解决问题的能力将得到很大提升。学生在对实验室了解之后，在方便出入的前提下，可以在实验室进行深入的研究，进行实验方案的改进和升级，为了达到理想的实验结果而进行反复的实验方案的设计和修改，这也是培养学生科研能力的基础之一。在实验室开放的过程中，学生进行反复多次的尝试，不畏失败、绝不气馁的精神也是科研精神的具体体现。[②]

---

① 翟章印.高校实验室开放问题的一些思考 [J].科技论坛，2016，1(22)：123.

② 胡发泉，郭鹏，刘琳，等.煤炭行业高校实验室开放模式的实践与探索 [J].技术与创新管理，2017，38(3)：340-344.

实验室开放管理的作用可以概括为以下两点。第一，实验室的开放可以使实验教师的能力逐步得到提高。实验教师在进行实验授课的同时还要更深入地了解实验的内容，针对不同的学生开展不同的讲解，在开发实验项目、指导学生实验、调试实验设备等活动中积极培养学生的动手能力，为实验效果和最终实验取得成功奠定基础。可以这样解释，实验室的开放管理对于教师和学生来说都是利大于弊的，这是一个教学相长的过程，在为学生创造更多的实验机会的前提下教师的教学水平也可以得到进一步的提升。第二，从资源利用率的角度进行分析，高校实验室的开放可以显著提高实验设备的使用频率，这对于实验授课和实验讲解都是很有价值的。通过实验室的开放，实验场地、实验设备、实验器材等能够得到充分的利用，实验室的资源在科学的管理下可以实现其教学功能。对实验室的教学潜力开发和实验教学效果的取得都可以起到积极的作用。[①]

6.1.3　引入物联网概念的实验室开放管理

实验室的开放管理模式可以从实验室仪器开放管理入手进行设计，将物联网的设计理念运用于高校实验室仪器管理上，是智慧实验室的一种全新的尝试，也是实验室可以开放管理的前提。实验室仪器开放管理的模型组成框架，如图 6-1 所示。将仪器开放管理的模型架构分为三个层级，分别是感知层、网络层和应用层。将外部设备平台通过外部数据接口和实验室内部的仪器进行连接，可以通过网络层的设计实现系统各个节点之间的相互联系和操作。这种科学的分配和有序的工作就构成了实验室仪器开放管理的物联网应用系统。[②]感知层就是通过设备的控制端口、电源控制端口、门禁、监控等终端设备进行外部物理信息的获取和感知。网络层主要是将实验室的局域网和校园网、外部互联网进行连接，建立网络覆盖和网络管理。应用层包括系统各个模块的组建和对具体实验功能的实现，包括实验资源共享、远程监控、权限服务、仪器设备建档、仪器预约使用、实验计费等项目。

---

① 张烨，武风波.基于高校实验室开放平台创客空间建设研究[J].无线互联科技，2017，1(14)：120-121.

② 王洁，彭岩，杜宇鸽，等.基于混合模型的复杂信息系统节点重要度评估[J].济南大学学报（自然科学版），2015，29(5)：377-381.

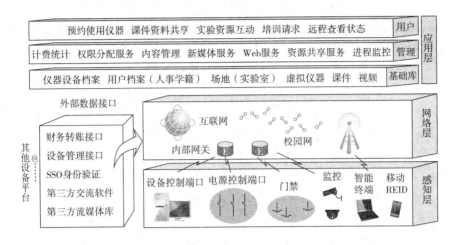

图 6-1 开放管理模型的架构

仪器开放管理模型的架构思路就是要将设备控制、电源控制、门禁、监控、智能终端等服务通过互联网的方式进行连接，从而实现仪器的预约管理、计费统计管理、仪器设备档案管理等。将实验室的数据资源与校园网的数据库进行连接，可以实现资源共享，实现智慧校园的网络建设，这样在校园网综合信息服务平台的帮助下，可以进行学校内部财务转账、设备档案建立和统一的身份认证工作，也有利于实现信息的准确性和唯一性。通过与外部互联网的连接，可以实现第三方交流软件的使用和流媒体库拓展系统功能，能够有效提高数据传输和运算的速度，降低高校的实验室建设成本。通过水平互联和嵌套叠加的方式能够进行资源的整合，这也是一种资源的有效利用。在保证高校实验信息安全的前提下，要将物联网和高校的实验室仪器管理进行结合，使高校实验室的设备、网络、软件平台得到充分利用并且协调工作。

6.1.3.1 整合现有系统，拓展服务功能，重组网络资源

仪器管理科学化、信息化使仪器的预约管理和使用计费系统也融入互联网管理和服务当中，将实验室各个仪器的控制端口、电源配置、实验室门禁、读卡器控制等都加入预约系统中，但是有些部分仍然需要单独运行，如监控和教务的资源数据库等。这就需要在已经建好的模型上进行功能的拓展和叠加，对其具有的网络数据资源进行重建。

（1）将现有独立运行的系统整合到模型架构中。通过对监控系统的管理，可以将实验室的监控和仪器监控进行对接，也就是充分利用高校教务系统当中的实验仪器教学案例、视频课件等数字资源进行数据库的建立，将实验室仪器

监控和用户进行一对一的关系建立，充分利用数据信息资源进行相互融合。

（2）将部分已有系统的功能进行拓展，融入更多的服务。在高校实验室仪器管理的模式中，将电源控制系统的功能进行升级改造。这种功能上的拓展就是将整个实验室的电源和中央控制系统进行关联，24 小时全方位地控制实验室的供电设备，通过和消防系统的连接可以使实验室的电力系统处于一种安全的运行环境中，在应急状态下可以自动断电，这也是开放型实验室智能化的体现。实验室环境监测系统也可以增加数据采集功能，通过传感器的数据采集对实验室的物理环境进行实时监控，这样有利于为温度和湿度要求较高的仪器提供工作保障。

（3）建立接口，实现与外部开放接口的软件平台或数据端口的对接。其他部门的信息往来和第三方软件平台的资源共享需要通过建立接口的方式实现其功能的对接，将高校校内网络的数据信息和固定资产档案的数据信息进行统计并且建立基础数据库。这种统一的基础数据库有利于整个模型架构中信息的提取和利用，同时也可以通过搭建虚拟仪器库和下挂小型网站，减少系统故障产生的概率。在统一的基础数据库的运用环境下，开发接口程序，接入网络层。这种设计思路的优势在于可以使接口的各个系统节点之间得到对等的关系，在特定的权限范围内实现资源的共享，各个系统之间既相互联系又分工明确，即使出现系统节点崩溃的情况也可以很快地将各个节点之间的数据进行更新，不会影响其他系统节点的持续运行。在节点重新获得同步数据时，可以提高整体系统的自适应性，使网络层更加具备兼容性和发展的空间。

6.1.3.2 识别用户验证使用权限

在物联网的环境下，所有的人员和仪器都有着独特的编码，实现了一人一码和一物一码。用户（也就是使用系统的人员）包括实验室的管理人员、实验室教学教师、实验室的学生等，也都需要进行身份的登记和标识确认。在上述所说的模型架构中需要将在校的师生进行人员身份验证、注册登记，只有这样才不会影响后续的使用。用户在进行系统登录时，通过各自对应的账号和密码进行登录权限的设置。注册后的用户信息经过上传，可以保留每一次的使用记录，方便以后查阅，同时用户的身份标识也具有识别用户、管理用户、权限设定、登录凭证等功效，可以在规定的权限范围内执行各种操作，这样也有利于审查和问题的追责。对权限进行静态分配和动态分配，通过对用户信息的录入和固定信息的掌握实现用户权限的静态分配，这种分配体现在用户的角色、身份信息、联系方式等基本信息上；用户的动态分配主要是指通过用户的预约申请、仪器使用、实验进行等活动所进行的具有连续性的活动权限的分配。

6.1.3.3 仪器权限状态控制

高校实验室的仪器设备一般都会和计算机相连，用于数据运算和储存。可以通过安装仪器设备控制器对仪器的主机进行实时监控。用户通过仪器的预约进行使用情况的安排。将用户的身份信息、预约的仪器设备编码、预约的具体使用时间等信息进行一一登记，并且通过系统上传信息。此时，系统可以形成使用预约情况的列表，将其中的信息作为各个条目进行保存，方便使用时的权限验证。如果用户在使用时提交的信息和预约时提交的信息一致，那么系统就会下达开机指令；如果不一致，那么仪器就会关机或者不启动，通过这种方式可以减少非法关机的风险。[①] 仪器控制端可以反馈仪器当前的使用情况以及之后的预约情况，这样可以方便实验室教师对仪器进行管理。仪器预约的状态和现在的使用情况可以作为培训、实验前准备的依据。

6.1.3.4 硬件端口的组成

物联网就是要将实验人员、仪器设备、实验材料物品等进行协调统一的配合，物联网的硬件端口的设计也要以此作为依据，如图 6-2 所示。用户端和物段通过服务器端进行连接，其中用户端包括智能终端设备，如手机、平板、笔记本等具有联网功能的计算机等，还包括用户身份验证的 IC（ID）卡。将物端（包括设备控制端口、电源控制端口、门禁、监控、扫描设备）进行服务器端和用户端的连接就是物联网的硬件组成。

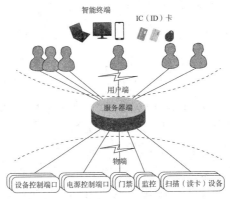

图 6-2　物联网的硬件组成

---

① 李晔，王映辉，于振华.信息物理融合系统的面向对象 Petri 网建模 [J].西安电子科技大学学报（自然科学版），2014，41(2)：165-171.

实验室的仪器作为系统当中的"物"，就是其作为多元化数据信息的一部分，为系统提供数据存储、数据处理、数据传递等服务，同时接受来自系统的指令，进行相关操作。网络接口的信息获取可以帮助仪器识别当下的运行状态，可以为用户提供使用需求的帮助，在人机交互式的信息操作过程中可以减少仪器使用时的失误，也是对用户操作过程的一种监督。这样的硬件系统可以帮助仪器管理员共同进行仪器的维护和运行检查，是一个全新的信息物理融合系统的构成，[①] 在不同的用户使用时可以帮助其完成仪器与仪器之间的连接，同样也使仪器得以进行协同工作。

从用户的视角进行分析，管理员可以通过网络控制仪器的操作，仪器的使用者也可以提交使用请求，上传相关数据信息，这就方便了管理者和使用者查询信息。从仪器设备的视角进行分析，可以很方便地控制仪器设备的操作，监控仪器使用情况，仪器可以通过设备终端实现自身运行状态的反馈，人机之间的这种互动也提高了仪器管理的效率，可以及时发现问题，并共享网络资源，同时也为众多的用户提供了更便捷的服务。[②]

6.1.3.5　资源共享

网络信息的发达使传统的管理方式不再能满足信息的传送和资源的共享，这就需要提高高校的教学科研水平以适应社会科学的发展。在考虑数据安全的情况下要利用相关的专业管理人员进行数据的编辑工作，再由网络管理系统进行汇总发布，这样就可以对数据进行统一的管理，同时针对具有相应权限的人员进行数据资源的共享。高校各个部门之间也要协调配合，保证数据的及时更新，在专业人员的管理控制下，互联网体系的管理质量可以得到全面的提升。[③]

首先，建立数据统一、动态维护的数据库模型。在基础数据库的支持下进行架构的搭建，在数字化校园建设的前提下校级管理部门可以将部分数据接口和本地的数据库进行联系，从而实现本地数据库的监管和维护。在仪器设备基本信息同步的前提下可以对数据进行定期的检查，清理过期数据，减少系统负担。动态维护下的数据库模型是由各个系统节点进行统一汇总管理的，这样

---

① 王世彤，邢晓江，李伟华.泛在网络业务体系架构、标准化及关键技术问题[J].通信技术与标准，2010(1)：44-48.

② 姚锡凡，练肇通，杨屹，等.智慧制造：面向未来互联网的人机物协同制造新模式[J].计算机集成制造系统，2014，20(6)：1490-1498.

③ 冀翠萍.智慧校园信息化运行支撑平台的建设[J].现代教育技术，2012，22(1)：49-53.

就不在应用系统中占有额外的内存，可以加快数据运算的速度。

①通过学校统一身份验证服务。对于网络当中的信息安全隐患问题，以物联网为基础的开放型的仪器管理平台要求进行实名制登记，这就是为了后续的追踪和查找的便利，是维护物联网信息安全的关键。这种操作记录都是实名制的，因而可以避免匿名带来的安全隐患。在统一的管理机制运作下，完善用户的管理权限也可以保障信息安全。通过学校的实名制身份验证可以将每年的教师变动情况，学生的毕业离校、入学、退学等情况作为用户身份更替的主要依据。该数据也可以作为实验室仪器使用人员的登记数据信息，要与学校人事、学籍管理的信息一致，必要时进行每年一次的更新。这种操作也是为了保证使用者的登录合法性，为用户提供更为便捷的仪器使用服务。在用户提出登录申请时，需要用户提供在校身份验证信息，只有通过了系统的自动审核，方能进行仪器的操作。离校的师生的信息要及时进行删除和退出的管理，系统可以进行定期清理提示，方便管理。

②通过数据接口，定期同步本地仪器设备档案库。对实验室的仪器进行开放管理并不是说其在无人监管的状态下运行，而是通过自动化的监控和智能使用凭证进行更加高效、科学的管理，在减少管理成本、增加仪器使用率和提高实验室管理水平的基础上将实验室的仪器向更多有需要的人员进行开放化的管理，这也是时代进步、科学发展的需要。开放管理下的实验室的业务往来都是围绕仪器设备进行的，数据库的更新和维护就成为实验室管理中的重要部分。仪器设备要在学校的固定资产登记部门进行登记备案，学校也要定期进行固定资产的排查和核对，时刻保持本地的数据资源和管理部门的数据资源一致，如果有变化要及时上报并进行实时更新。数据接口的连接可以使本地的仪器设备档案库管理更加科学化和智能化。在仪器设备库和数据资源信息建立起对等的关系之后就可以进行相关资源的上传和共享，这也是实现权限分配、端口控制、预约管理的前提。

③自下而上汇总组合的资源数据库。资源数据库的汇总要采用自下向上的模式，通过仪器管理人员的收集、整理，将数据进行上传，再通过系统各个节点进行数据处理，分别发送到相应的物联网体系的各个子系统中。在共享资源库中，可以通过开放的管理模式将教师的教学案例、课件视频、技术文件等进行数字资源的转化，这既是课堂教学的一种很好的补充，也是利用用户和仪器之间的关联性实现学生学习能力的一种线上管理方式。

其次，共享应用服务资源。

在物联网概念得到广泛传播之后，人们的设计理念也逐步向着"以人为本"的方向转变。这就使今后的设计更注重服务于人，体现出人性化和智能化的服务理念。用户在使用物联网连接的实验室仪器时只需要将自身的需求输入，提出合理、具体的实验内容和过程，软件平台将对其进行信息处理，把需求送达计算机中并进行共享资源的分配，就可以为用户提供精准的实验信息支持，包括实验视频课程讲解、实验步骤流程、实验结果说明、实验注意事项等，这些都是为了方便学生的学习，为了实验能够取得成功而提供的基础知识。在实验室的开放管理中，用户可以包括实验室管理人员、仪器使用者、实验讲解教师、仪器维护和维修人员等。将应用的服务资源进行用户之间的共享，也是为了其他人员更好地了解仪器设备，为实验和相关工作提供数据支持。实验数据资料通过相关人员的上传可以促进实验室人员之间的互动和交流，也为实验提供多种创新思路，结合历史实验数据，总结归纳出实验规律，这样有利于加快科研速度。

最后，共享 Web 服务信息。

基于 Web 服务的应用拓展功能可以将实验室的仪器设备端口进行接入控制，将实验室的仪器设备存储的数据信息和原 Web 媒体为主的服务方式进行联系，这样就可以传递和转移数据，减少信息的重复处理，为用户查询和数据预览提供便利。通过嵌入 Web 服务的仪器设备端口的网关和系统的节点进行汇总信息，然后将汇总的信息进行各个对应节点的分发和传播，这就使访问系统资源服务的应用更为方便。通过 Web 服务的聚合，可以从内容、方式、互动界面等关键点为用户提供快捷的自定义性质的信息服务。

6.1.3.6 建立多重数据交换接口，精简系统功能

资源的共享服务是模型架构的主要内容，通过对软件各个接口上的互联，可以实现各个子系统中的资源共享。软件的功能可能还需要再进一步完善，希望可以做到面面俱到，这也是为了给开放式的接口之间的连接提供一种功能上的完善。使模型架构当中的软件平台之间互相连接就是要求其他平台通过软件接口的方式加入模型架构中，这样做可以精简模型架构的功能。例如，将第三方的聊天平台、新型媒体服务平台、学校的身份信息验证平台以及其他的设备管理平台接入模型架构中，就减少了终端设备的种类，使各个平台之间都具有了连接的渠道，这也是建立多重数据交换、精简系统功能的必要措施。从软件系统开发的成本分析，这样做既可以加快物联网的应用部署，也可以降低维护成本。建立多重数据交换接口，精简系统功能有以下几点优势。

第一，可以使仪器设备的操作简单且更加人性化。对于管理人员来说，

一对多的管理模式需要进行各种功能故障的排查和仪器设备的维护管理，过于繁重的工作内容需要有一个后台信息的提醒和反馈，帮助管理人员进行仪器的维护。系统功能的精简可以提高工作人员的效率，也能节约实验时间。设计系统时要考虑实用性和精简化，同时也要避免安全漏洞，因而应设计方便用户的操作界面。对于众多的实验仪器来说，非常有必要设计人性化的操作界面和实用性的功能。

第二，接口的开发更加普适化。实验室的仪器设备和工厂里的流水线设备不同，其更加精简和复杂，很多部件需要专门定制。将软硬件的开放和接口的开放都进行统一的安排有些困难，但是为了工作方便，降低维护和维修的成本，需要针对不同的接口进行普适化的开发设计，这种设计也正是各种机器所通用的。如果一般的标准都适用的话，其配件、接口、插头等就都可以更加方便地购买，也利于维护，同时也减少了工作量和维护频率。

第三，针对不同的硬件进行鉴别接入。这种设计也是为了系统能够正常运行所做的考量。例如，想要在检测仪器设备上增加传感器，就需要对原仪器的运行参数、环境条件、扫描读卡器等各个环节进行筛查，避免接入传感器后对仪器的运行造成干扰。因为接口冲突也会造成仪器的损坏，所以在大型仪器上增加硬件设备时一定要进行鉴别，在保证各项工作可以顺利进行的前提下进行接入。

第四，多元化的识别方式。传统的读卡识别方式能够得到普遍使用是因为其简单方便，在仪器控制端进行接口硬件的读取需要将硬件和客户端的软件进行绑定操作，这就需要专用的写码器写入。端口的拓展需要添加硬件设备，如果期间出现了问题就需要设备厂家进行维护。多元化的识别方式就是在传统的读卡识别的基础上寻求更加安全、方便的识别方式，如进行二维码识别。这种扫描二维码进行信息确认、用户登录的方式更加快速和安全，主要是可以避免接口硬件的增加所带来的风险。二维码登录系统只需要进行软件的自行安装和拓展就可以实现，更加地方便。如果实验室有超大规模的数据信息需要处理，那么就需要增加其系统开发和运行维护的成本。通过加入物联网系统，将系统结构中的数据进行交互拓扑和嵌套互联，可以消除"信息孤岛"，降低对本地系统软硬件的需求。通过精简模型架构，降低技术开发的成本，提高系统内核的开发，最终实现终端工作量减少、开发周期缩短的目的，满足用户的需求。

6.2　高校大型仪器设备共享平台系统建设

6.2.1　高校大型仪器设备传统管理模式存在的问题

在大多数的高校内部，仪器设备的管理情况都掌握在具体的某一个部门中，这样的设置方便学校职能部门安排工作，便于管理。[①] 但是，这种管理运行模式存在着弊端，管理者为了更好地省心管理，往往将仪器和设备进行封闭式的管理，[②] 很多仪器的功能和价值得不到体现，而且管理层不是实验教师更不是实验者，这就使仪器管理和实际使用情况存在出入。不足之处具体表现为以下几点。

6.2.1.1　仪器管理方式落后

贵重的仪器设备如果不确定专门的管理人员就很容易增加仪器维护成本，或者造成维护上的缺失。在长期放置和断电的情况下，很多设备都不再具有灵敏的检测水平，在内部软件和硬件的配合上也都会不如新的仪器那般灵活。这无疑会增加运行和维护成本，在管理上也就需要增加更多的人力、物力的投入。传统的仪器管理方式还依赖手工记录，这种管理方式容易产生人为差错，管理记录也可以被人为修改和变更，使得管理上存在漏洞。

6.2.1.2　设备高档低用

许多高校的实验仪器设备具有非常先进的功能，这种高档的功能有时得不到利用，其关键是因为教学要求没有涉及，或者是实验课程安排不够科学，造成设备的空闲和使用上的不足。为了使仪器设备得到更好的利用，避免资源的浪费，就需要高校的实验室管理更加精细，在仪器设备的使用上要充分发挥高端仪器的优势，开展各项实验和检测服务。

---

① 刘晓云，李莉.大型仪器管理模式及仪器管理人员角色作用的思考 [J].实验技术与管理，2011，28(11)：221-223.
② 廖琪，钱俊臻，严薇.高校大型仪器设备开放共享工作研究 [J].实验技术与管理，2015，32(6)：8-10.

6.2.1.3 缺乏统筹规划

传统的实验室管理有时对采购来的仪器设备缺乏系统的规划，在正常维护、配套运行和成本更新上没有准备充足的资金，这就导致后续维护不足。这种管理上的欠缺很容易造成机器的老旧化，凸显了管理机制上的不足。在没有具体监管人员参与下进行的仪器设备的开放利用就显得没有了保障。再者，高校的大型仪器设备众多，传统的管理模式往往会导致管理上的忽视，不能面面俱到，所有的仪器在不同的维护和管理时间上有所不同，这就需要花费很多的时间去排查，这种缺乏统筹规划的管理模式的不足在长期的仪器维护和管理上尤为突出，给后续的维护和维修带来很大的不便。[①] 因此，在传统实验室管理和现代化智能开放型实验室管理进行对比的前提下，可以着重进行一种全新的尝试，在智能实验室成立之前一定要避免这些弊端的产生，创建物联网智能化仪器管理网络模式，这也是实验室管理上的一次革新。

6.2.2 高校大型仪器设备共享平台建设

6.2.2.1 建立高校大型仪器设备共享平台

高校大型的仪器设备需要专人的管理，建立开放共享化的网络平台就是为了更加方便对高校大型仪器进行人性化的管理。推动大型仪器设备共享平台的建设需要从以下两点进行讨论。第一，将大型的仪器设备信息进行网上登记注册，这也是为了日后方便调用数据、整理数据所做的必要的准备工作。在高校重点建设大型仪器设备开放共享信息化的过程中，一定要对大型仪器设备的设定参数、功能描述、使用注意事项、开放时间和收费标准进行详细的规定，这也是为了方便客户使用所做的必要提示。每台大型仪器设备进行信息升级和维护时都要通过预约的方式进行，这是为了减少排队等待时间、统计每个固定时间段人员的使用情况所做的工作。为了今后仪器设备出现问题时方便追踪和调查，在校内外用户使用时，必须通过大型仪器设备共享平台进行计费和实验情况的汇报。这是为了对大型设备进行更好的管理所提出的必要的要求。第二，完善高校的大型仪器设备的开放共享平台的系统建设。加大网络技术的投入，对各个层面的网络技术进行合理的审查，通过软硬件设施的投入和完善使开放共享平台更实用。这是高校大型仪器设备共享平台建设的最大意义。

---

① 钟冲，高红梅.新时期高校大型仪器设备开放共享管理体系探索与思考[J].实验技术与管理，2019，36(6)：1-7.

6.2.2.2 制定高校大型仪器设备管理制度

要使高校大型仪器设备共享平台正常运行必须建立完善的管理制度，这就需要对大型的仪器设备进行不断的投资，并且通过使用获得足够的收益，这种管理机制也是为了能够使其得到合理利用并且为高校创造收益。可从共享制度的建立、管理制度完善、评价制度制定等方面进行高校大型仪器设备管理机制的建设。

第一，要建立共享制度。对仪器进行管理需要健全的管理制度和管理流程，这也有助于部门之间的责任划分和相互之间的配合。大型仪器采购回来之后，要对仪器进行登记，将仪器设备的基本信息录入开放管理系统中，包括仪器功能、出厂检测时间、最近的校验日期、技术参数、注意事项等。对各项检测的收费情况也要作出明确的规定，同样录入系统中，这样可以为后期的仪器资源共享提供数据支持。

第二，健全仪器设备管理体制。这种管理体系的建立是为了保证大型仪器管理出现问题后有采取相应措施的依据。完善大型仪器的管理制度、健全仪器使用的规程和标准操作程序，能够为维护和使用大型仪器提供技术支持。实验人员在使用大型仪器时要对自身的基础知识和技能进行考核，接受相应的培训，培训合格后方可操作仪器。完善仪器设备使用的收费制度，这种费用明细能够为日后的校验和维修提供资金支持。

第三，实行评估制度。定期对大型仪器设备共享平台的运行实施考核和评价，可以让大型仪器设备更加稳定地运行，这种评价制度能够提高技术人员的水平，也能为仪器设备的正常运转提供保障。评价制度要规定详细的考核项目、评分标准，并且要对仪器的使用频率、费用结算、易耗品的补充、开放共享利用程度作出最终的评分，这样可以在日常评价中及时发现问题，经专家对问题进行仔细分析后，再确定解决方案。在高校大型仪器设备共享平台建设的过程中要保证评价机制的有效利用，评估制度的实行可以使大型仪器设备发挥其最大的作用。

6.2.2.3 加强实验技术人员队伍建设

专业的实验技术人员队伍建设是实现大型仪器设备使用专业化的前提条件。只有储备和利用好了专业的人才，大型仪器才能够发挥出真正的价值。专业的管理团队也是保证大型仪器设备共享平台正常运转的必要条件。因此，要重视推进高校大型仪器设备专业化管理人才队伍建设。具体的推动措施主要包括以下几个方面。

第一，高校可以通过不同的渠道开发人才，将管理团队提升一个质量级别。管理团队中的每一个人都要经过专门的培养，各自具有各自的优势和特长，高校要通过不同的渠道寻找合适的人才重点培养并将其作为战略储备，为今后的人才变更做好准备。

第二，制定考核和晋升的政策。这种晋升的空间和能力相结合，将真正有能力和水平的技术人员提升到管理层，这类人员还要进行深入的学习培训，参加定期的考核，只有通过考核才可以有效提升高校大型仪器设备的专业化管理队伍的水平。

第三，要加强技术交流，开展实验技术培训活动。积极进行专业化的技术培训有利于提高管理团队的专业化水平。在专业技术层面上进行技术交流，参加一定的培训和学习可以有效提升管理人员对高校大型仪器设备的专业化管理程度，也是对管理人才的一种必要的投资，在专业技术人员的能力得到提升的同时也可以满足建设高校大型仪器设备共享平台的人才需求，这也是为高校大型仪器的管理提供更加专业的人才而实施的有效的策略。

6.2.3 高校大型仪器设备"自助共享"式系统构建

大型仪器设备的开放式管理是高校实验室建设的一种创新，同时也是对管理运行机制和管理体制的挑战，这种开放式管理将实现对高校大型仪器设备24小时监控和实时监督。下面就高校大型仪器设备"自助共享"式系统构建作出详细的阐述。

6.2.3.1 系统构建重点内容

重点一：要针对高校大型仪器设备"自助共享"式系统构建一套完善的智能化开放共享平台的监督管理机制。

重点二：在开放共享平台的基础上要完善开放共享的实体设施环境。按照功能的不同和管理的便利将大型仪器设备进行分类管理，并对整个管理系统进行共享信息的公开和数据资源的公用。也要注意实体建设时配套设施环境的重要作用，在规定的温度、湿度环境下运行大型仪器。

重点三：建设开放共享的虚拟平台。通过强化信息平台的建设，对大型仪器设备进行互联网虚拟平台管理，这样有助于对分散放置的仪器设备进行监控和管理。

重点四：完善大型仪器设备共享管理平台的制度建设。采用虚实结合的管理模式对高校实验室大型仪器设备进行管理。

6.2.3.2 系统构建目标

建立共享管理系统，用户可以在线了解仪器的基本信息，享受自主预约功能，对实验项目和检测技术提前进行安排，实验负责人也可以在线了解实验情况，及时作出实验安排和实验结果分析。大型仪器设备的收费也可以在线完成支付，这种收费方式能够使管理更加便利，人们在使用仪器之前就完成了费用的缴纳，这也是系统设计的结果，不需要管理者投入更多的精力和时间去核对费用情况和催促缴费。共享服务平台的支持可以使实验室大型仪器设备 24 小时待命，即便是无人值守的情况下也可以进行实验操作，按照预约的流程，将配置的实验样品进行机器自动检测。这种便捷的管理模式可以实现智慧实验室 24 小时不间断地提供服务。

6.2.3.3 系统基本框架

大型仪器共享开放平台主要由以下几部分组成：设备基础信息服务模块、信息门户模块、设备控制模块、小程序应用模块、平台数据接口模块、后台管理模块、应用扩展集成模块。

（1）设备基础信息服务模块。通过对日常实验的监督管理、预约实验的完成、收费的合理管理、授权登录信息设置等各种服务功能的实现来设置相应的配套管理员应用后台，同时也设置有预留功能的接口，方便接入其他设备。

（2）信息门户模块。信息门户展示是为了信息的发布和共享所做的一种统一的消息处理的模块。在该门户下，用户可以看到平台的动向和仪器设备的使用情况。

（3）设备控制模块。仪器控制终端就是要和共享平台进行联系，控制仪器的使用和登录信息的验证，为后续的数据采集和处理提供控制程序的支持。

（4）小程序应用模块。随着微信使用的频率增加，可以将仪器共享系统与微信小程序和公众号进行连接，这种小程序和公众号可以更方便地传递信息，公开仪器使用情况，同时也是对各个功能的宣传，使更多的人了解高校的大型仪器设备，吸引更多的人使用仪器进行相关检测，为高校创造收入。

（5）平台数据接口模块。实验室的大型仪器设备还可以和学校级别的仪器进行对接，这样有利于学校对所有设备进行统一管理，也是上报统计数据、提供决策参考的重要方面。

（6）后台管理模块。后台管理应用模块主要是通过统计上报发挥其决策功能的，通过对使用效率和上机情况的分析可以使高校的仪器设备得到更好的利用。同时，还支持学校级别的统一身份认证和校园一卡通的对接，使仪器资产和高校财务核算相连接，实现业务流程的自动进行。

（7）应用扩展集成模块。扩展功能主要是连接外部设备，通过集成的方式使业务范围得到拓宽，包括逻辑鉴权门禁系统、视频监控系统等。

6.2.3.4 系统工作流程

第一步，网上预约排队。仪器使用者在使用仪器前要进行网上预约，这也要经过资格审核授权、信息共享、仪器预约三个步骤。

①仪器使用者资格审核。在登录实验室网上管理界面前要先进入大型仪器设备共享管理系统的登录界面，填写完善的个人信息，申请仪器使用的权限，之后要将仪器使用的授权登记注册表打印出来，找相关负责人签字确认，通过实验室管理员的审核后方能被授予权限。之后，在其账户内存入足够的检测费用，预约使用仪器。

②仪器信息共享。仪器信息的共享主要体现为将设备仪器的简介情况、工作原理、技术指标和检测参数设置等情况发布于网络平台，检测的相关工作流程和各项收费标准都要进行信息的公开发布，这是方便实验人员了解仪器设备所必须要做的工作。

③仪器预约。在实验者通过了上述的预约流程后，就可以登录管理共享的系统，查看自己和他人的预约情况，以安排实验的时间和实验前的准备工作，在获得实验权限的前提下开展实验。

第二步，自动鉴别使用者身份。自动鉴别使用者身份的功能可以有效防止仪器设备的非授权使用。通过对仪器控制管理、网络化管理、用户身份识别功能的实现，大型的仪器可实现实时监控。通过对实验者上下机时间的控制限制仪器的使用时间，这也是防止仪器过载的一种保护措施。管理人员通过共享平台可以远程监督和了解实验室大型仪器的使用情况。这种管理的便捷性可以使管理者一人承担多台设备的管理，同时也便于对各个仪器的使用情况进行统计分析。

第三步，用户自助登记计费。用户自助登记计费功能主要包括账户管理、使用计费和财务结算三个部分。这也是仪器使用授权管理和仪器预约使用管理基础上的功能拓展。以下是对这三个方面的详细介绍。

①账户管理。个人账户的设置主要是为了提升管理效率和查询实验记录。通过在线充值的方式可以向个人的账户中储备资金，方便预约时提交，费用不足时系统会提醒充值。这种个人账户的设计更有利于系统自动扣费，也是为对实验方案进行调整或者是对实验项目进行多项操作时费用核算的便利而进行的必要的设定。

②使用计价。根据实验者的上机时间和实验项目的划定进行费用的核算，因为高校大型仪器设备成本比较高，技术比较先进，因而需要进行收费上的管理，这也体现了高校实验室的价值。

③定期结算。实验室管理人员可以通过仪器使用情况定期进行费用的合计，检查仪器使用频率和费用缴纳的情况，个人用户也可以登录自己的账号查看缴费情况，根据实验进度进行费用的定期结算和预计开支的核算。

6.2.4　智慧实验室"自助共享"式仪器控制

6.2.4.1 移动手机端应用

在进行智慧实验室"自助共享"式仪器控制设计时要充分考虑现代化智能手机的便利之处，结合现代移动互联网技术，将实验室的仪器管理和移动手机客户端进行联系，在手机微信 App 的功能里添加应用小程序，这样无须重新下载客户端，就可以进行网上的各种操作。例如，可以通过微信登录进行个人身份信息的确认，通过扫码支付或者是微信转账等方式进行费用的结算，预约使用的功能和实验数据的查询功能都可以通过手机微信的操作来实现，这样就可以随时随地把握实验全程。管理员也可以通过微信进行各种信息的推送和提醒。这种智能自助的共享模式可以极大地方便大型仪器的使用者。

6.2.4.2 仪器控制中的"自助共享"

手机蓝牙功能可以为实验室的电源控制提供服务，通过手机客户端（微信端口）和蓝牙控制器进行联动，就可以实现无线网络的身份鉴定和权限设定。蓝牙控制的优势在于不需要安装有线网络也可以进行控制，通过微信扫码控制可以降低部署成本和维修费用，实现资源的自助配置，提高实验效率。

6.3　高校虚拟仿真实验教学资源开放共享机制

6.3.1　虚拟仿真实验教学资源开放共享情况分析

6.3.1.1 各高校资源建设及使用状况

（1）资源类型。高校可以建立一种虚拟仿真实验室，这种虚拟仿真技术在当下社会中应用非常多，作为一种高新技术手段，它应用于各行各业中，为人们的生活带来了很多的便利。虚拟仿真技术主要用到了以下关键技术：计算机虚拟现实 VR 技术、人机互动技术、多媒体嵌入技术、大数据技术和现代网络通信技术。根据实验室的功能需要，通过实验室虚拟实验场景展示，虚拟实验环境、虚拟仪器设备，可以有效节约实验时间，对于预测实验结果具有重大帮助。虚拟仿真实验的教学资源可以有很多类型，[①] 目前教育部高等教育司专门建立的高校虚拟仿真实验教学资源平台已经上线，平台中有各大高校评估通过上线的虚拟仿真课程资源。现在，各高校已经将虚拟仿真实验教学作为实验教学的重点之一来进行建设。

（2）进行开放和共享管理。虚拟仿真实验教学也可以进行对外开放式管理，这种管理更加科学，也是高技术的体现。利用虚拟仿真软件平台构造真实的实验场景再现，使学生身临其境地进行实验流程的操作，在虚拟场景中进行实验各项参数的设置，通过虚拟仿真系统后台数据计算得到实验结果的仿真显示。根据反馈方式的不同进行不同的共享程度和共享资源的分类。通过对开放式虚拟仿真实验教学的管理可以使实验数据资源得到有效整合，也是实现资源的开放共享和自主创新的一种有效证明。虚拟仿真教学可以利用开放共享的管理模式来进行，建立虚拟仿真实验教学的管理平台，如在平台上公布虚拟仿真实验的使用范围、使用说明、各项参数设定、收费标准等，进行数据的运算、分析、测试等实验活动，旨在达到和现场操作相同的使用效果。这种虚拟仿真实验有别于实体资源形式下的实验，是在虚拟的资源和网络运行环境下进行的一种开放共享的实验模式。

（3）资源供需情况。通过对虚拟仿真实验教学的资源供需情况进行数据统计可以发现，其中 63.46% 的高校设有专项的实验教学经费，具体金额根据学校情况而定，从 50 万元至 100 万元不等。随着科学技术的进步，高校作为高、精、难技术的开拓者和发源地，都非常重视虚拟仿真实验教学技术的融入，其中 78.48% 的高校有支持进行虚拟仿真实验教学的投资和研发。通过不同的渠道可以获得虚拟仿真实验教学资源，可以从市场上购买，可以开发出具有自主知识产权的虚拟实验项目，或者通过校企合作的方式进行资源的共享，利用其他高校或是社会上的资源作为共享的虚拟仿真技术来源的高校还不足 11.53%，有 42.30% 的高校明确表示虚拟仿真实验教学的资源开放共享程度

---

① 张鹏，邱晓刚，孟荣清，等．仿真资源共享机制与一体化的仿真资源服务［J］．系统仿真技术，2013，9(1):1-8.

不高，有 76.92% 的高校认为虚拟仿真实验教学资源的质量不高，还需要继续升级改造。理工科院校中的化学、制药、电子信息、工程制造等专业迫切需要建立虚拟仿真实验教学的管理平台。各学科类别虚拟仿真实验教学资源供需情况，如表 6-1 所示。

表6-1　各学科类别虚拟仿真实验教学资源供需情况

学科类别	开展了该类别虚拟仿真实验教学的高校比例	对该类别虚拟仿真实验教学资源迫切需求的高校比例
理学类	15.38%	30.76%
信息电子类	36.53%	32.69%
化学化工类	17.30%	46.15%
环境类	7.69%	25%
工程制造类	15.38%	34.62%
交通类	5.8%	12%
建筑类	15.38%	25%
能源类	5.76%	7.69%
医学类	11.54%	17.31%
人文类	11.54%	13.46%
经管类	32.7%	28.8%

6.3.1.2 虚拟仿真开放共享存在的不足和困难

目前，很多高校已经开始认识到建设虚拟仿真实验平台的重要性，虚拟仿真实验可以将有危险系数的实验的安全风险降到零，许多高校已经开始自主研发和宣传创新虚拟仿真实验教学模式。在教育部虚拟仿真实验教学课程评估制度的驱动下，很多高校已经初步建成了一些虚拟仿真实验课程，实现了实验教学改革、深化了人才培养途径，为高校的教学质量提升提供了一种创新途径。在这个过程中各高校也面临许多的困难，具体从下面几个方面进行阐述。[1]

（1）资源的规模和覆盖面有待提高。当下，许多高校的虚拟仿真实验教

① 王卫国. 虚拟仿真实验教学中心建设思考与建议 [J]. 实验室研究与探索，2013，32(12):5-8.

学主要是在工科类院校和经管类院校中进行，如果想要做到资源的开放共享，最好是能够做到全学科、全门类的覆盖，这种质量高、内容丰富的资源库才是很多高校真正需要的共享资源，如表6-1所示。各个高校率先在信息电子类和经管类学科中进行了虚拟仿真实验教学，在今后的发展过程中，还需要进行全学科的应用。

（2）资源的自主研究与创新尚显不足。超过半数的高校觉得虚拟仿真实验教学的资源需要从市场上购买，这种拿来主义导致了我国高校的自主研发能力不足，这也是虚拟仿真实验教学资源匮乏的主要原因。因此，为了改善现在市面上虚拟仿真实验教学资源短缺的问题，同时也为了减少教育经费的支出，各个高校要鼓励学校的教师、学生进行研发，只有不断地创新，将理念运用于实践，将科学知识转化为教育成果才能够彰显出高等教育的价值，同时也具有自主知识产权，不用考虑市场的限制与商业软件的侵权和缴费问题。因此，资源的自主研究不足和创新能力的欠缺也是当下虚拟仿真实验教学存在的重要问题，各个高校需共同努力，逐步改善这个问题，其创新能力也会随之有所提升。

（3）缺乏协调与协作。虚拟仿真实验教学的资源共享问题还存在于协调合作当中。学校为了满足实验教学的要求，在资源的分配和使用上有时会进行重复建设，而且资源的质量不高、应用效果差也是由缺乏资源评价体系和协作机制不健全导致的。调查发现，七成以上的学校认为现有的虚拟仿真实验教学资源的质量不高、数量不足，需要进行管理上的协调并建立协作机构。

（4）缺乏统一的技术标准和规范要求。各个高校的虚拟仿真实验教学资源还没有达到共享的条件，都还是在"各自为战"，兼容性和统一性还有待提高。这就需要建立一种虚拟仿真实验教学资源利用的统一技术标准和规范要求。这种管理平台可以将各个高校的教学资源进行连接，通过系统的架构、数据库的支持、功能模块的组建、运作流程的梳理使各个高校之间进行交流、合作，这也是高校虚拟仿真实验教学资源开放共享的前提。

（5）人员与经费保障有待加强。各个高校要加强虚拟仿真实验教学经费的保障力度。在人员配备和经费都得到保障的前提下为实验教学的信息化建设提供人力、财力、物力的支持。经过调查发现，用于虚拟化实验教学的信息建设的经费投入在50万元以下的高校占15.38%，50万元至100万元的占40.38%，100万元至200万元的占13.46%，其余的高校暂时还没有这项经费投入。可见具有虚拟仿真实验教学资源建设的高校不足30%。由此可知，在虚拟仿真实验教学资源建设上还需要高校大力进行经费投入。

在资源不断完善的前提下，可以实行对外开放共享模式，这也是对平台运行和实验教学过程提出的挑战。平台对外开放共享，不仅提高了实验技术人员的工作强度，而且对实验专业技术人员的素质和能力提出了较高的要求，在调动实验室管理人员积极性方面还需要加强，这也是人员素质和能力提升的关键。

6.3.2　建立科学的管理体系

在国家和地方的大力支持下，高校和行业之间共同努力，发挥各自的能力建设科学的开放共享管理体系，实现高校管理的目标和任务，通过多方努力和财力、人力、物力上的投入最终组建出科学的资源组织架构和开放共享的管理体系是当前工作之重。①

6.3.2.1　顶层管理平台的引领

在全国高校实验室工作研究会、实验教学指导委员会、实验室建设指导委员会的帮助下，进行虚拟仿真实验教学的资源开发和开放共享机制的组建需要联系相关科研机构、专家进行详细的内容设定，同时要结合高校教学的实际情况，制订相应的工作计划，针对具体的学科和教学内容进行实验教学资源的整合。为了实现虚拟仿真实验教学资源的共享系统的构建，要重点进行高校仪器设备的优质资源的分配和共享，这需要建立一个围绕高校仪器设备的优质资源共享系统管理中心，可称之为 CERS 管理中心。增设虚拟仿真实验教学资源管理办公室用于促进高校和企业之间、高校和高校之间的合作交流，共同提高虚拟仿真实验教学的教学质量。

基于 CERS 管理中心的平台建设需要对信息的整理和归纳、平台对接、资源整合、数据库建立、考核评价等方面进行考量，通过国家级实验教学示范中心网站、中央电化教育馆资源平台进行信息的公布和资源的上传，形成一个全面的共享服务体系。

6.3.2.2　区域政策平台的保障

教育行政部门需要加大资金和政策的投入，推动国家级和地方级虚拟仿真实验教学的进展。在构建虚拟仿真实验教学体系的同时还要进行开放共享长效机制的建设，这就需要区域政策的保证和行业内部的支持。在高校联盟团队

---

① 王帆，刘雁红，原凤英，等.关于构建高校实验室开放共享平台体系的研究 [J]. 中国轻工教育，2010(3):52-54.

和校企合作的协同配合下实现专业的实验设计，与工程现状、科学研发、社会实践相联系，确保资源开放共享的持续进行。进行虚拟仿真实验教学示范基地的建设能够使更多的高校意识到该项技术的先进性和可推广性，大大地提高学生的学习兴趣和积极性，为更多的学科和未来科技带来便利，也是促进高校教学改革、提高高校自身教学质量的最优质的途径。

6.3.2.3 基础应用平台的支撑

虚拟仿真实验教学的主体是各大高校，最主要的目的是应用于实践教学，使优质的教学资源得到拓展和充分利用，将高质量的教育环境和高水平的教学工作进行连接，保证虚拟仿真实验教学得到稳定的基础应用平台的大力支持。

建立健全的管理制度，将教师工作量化，进行教学效果的评估，不仅可以科学理性地判断虚拟仿真实验教学的最终教学成效，还可以使虚拟仿真实验教学得到更好的提升和改进。建立开放共享式的虚拟仿真实验教学资源管理平台可以为校园内的各个院系之间的交流和合作提供一个网上平台。不断地改进和完善虚拟仿真实验教学辅助功能不仅有利于线上教学的指导、成绩公布和教学效果分析，同时也可以监控教学全过程。这种基础应用平台的有效支持可以帮助学校进行开放共享式资源的分配和利用，使校级平台和虚拟仿真实验教学平台无缝对接，是一种创新型的教学模式改革。[①]

6.3.3 完善运行机制

6.3.3.1 保障机制

（1）经费和人员保障。在进行虚拟仿真实验教学的过程中要注重投入运行经费和人力资源。这种基础的投资是保证开放共享的虚拟仿真实验教学能够顺利进行的前提。研发和投入教学的前期是最需要资金支持的阶段，这个时期一定要配备充足的资金作为后盾，并建立人才保障机制，为这方面的高端人才提供创新环境。要善于与传统的实验教学进行对比，发现其不足之处，在进行虚拟仿真实验教学时及时改进，弥补其缺点和不足之处。为了完成教学任务而进行必要的经费投入是开放创新必不可少的工作。

（2）政策制度保障。在进行国家级的虚拟仿真实验教学中心建设时，教育部对其工作的主要内容和任务作出了详细说明，也在审评指标体系中对资源

---

① 刘怡晨.虚拟实验平台运营模式的设计与实现[D].武汉：华中科技大学，2012:21.

开放共享作出了专业的要求。在这种宏观方针的指导下，高校也要建立起资源开放共享的保障体系，提高虚拟仿真实验教学模式的使用效率和资源的有效利用率。

（3）知识产权保护。虚拟仿真实验教学资源也是一种受到知识产权保护的特殊的劳动成果，因此其研发和具体的资源内容都受到法律保护，资源的开放共享也在《著作权法》《互联网著作权行政保护办法》《计算机软件保护条例》《信息网络传播权保护条例》等法律中有所规定，这也体现了对研发者的尊重，保护了其合法权益。①

6.3.3.2 评价机制

（1）资源准入。随着虚拟仿真实验教学资源的数量增加，其质量有待提高，而且存在着许多内容和使用范围重复的现象，这就需要确立资源的甄别和准入制度。在资源的评审和遴选过程中要严格进行评判，将虚拟仿真实验教学的资源提高一个档次，这也是为后续的开放共享体系建设整体水平提高所做出的必要的努力。

（2）资源及管理信息系统建设标准。在进行虚拟仿真实验教学资源开发的过程中要进行教育理念的设计。不同的高校在依据自身教学经验的前提下，针对各个学科进行的教育资源的设计和开放共享模式的研究都需要有一个标准。这种设计和初步的框架构成需要进行系统的建设，最好是有一个统一的标准作为基础设计的起点，依据行业标准进行后续的开发设计更利于后期的开放共享以及普及应用。

（3）用户评价。虚拟仿真实验教学完成授课之后要对该教学模式进行评价，这种评价机制的建立目的是为今后的教学提出宝贵意见，有助于虚拟仿真实验教学今后工作的开展，同时在教学过程中发现的问题要进行及时反馈，这有利于虚拟仿真实验教学资源的改进和完善。用户（一般是使用者、教师、学生和学校工作者）的意见和评判结果对于虚拟仿真实验教学的设计而言非常重要，可以使其在升级改造过程中得到更好的应用和完善。

（4）资源排行。虚拟仿真实验教学资源的合理分配和使用最终都是要转化为教学实验成果来进行展示的，这就要求对资源的重视程度和利用价值进行排行。对于开放共享的资源需要进行定期的更新和替换，并且依据用户的评分对资源进行排行，这种排行榜就类似行业内部的良性竞争，有助于激励开发者

① 范科峰，莫玮，曹山，等.数字版权管理技术及应用研究进展[J].电子学报，2007，35(6):1139-1147.

继续努力，为了发明更好的优质虚拟仿真教学软件而努力奋斗。对于利用程度不高、资源重叠的虚拟仿真实验教学软件要逐步进行淘汰，或者是升级改造。

6.3.3.3 激励机制

（1）用户贡献模式（免费资源）。用户贡献模式就是要将自己的原创作品通过互联网进行展示或者提供给需要的人们，这种共享是有利于资源的利用的，该模式的内容也主要是以用户原创内容为主，其激励机制主要建立在资源的相互交换上，对于免费的网络资源人们更加乐意接受，同样也愿意将自己拥有的原创作品展示出来，接受他人的合理化意见，为自己需要的资源进行一种互换。这种激励政策可以是奖励上传者积分或虚拟货币的形式，拥有这种权利的用户可以使用手中的积分或虚拟货币购买其他资源。激励机制的建立能够很好地促进人们分享原创作品，丰富互联网内容，为虚拟仿真实验教学设计提供大量的优质原创资源。

（2）利益分配模式（收费资源）。虚拟仿真实验教学资源是众多开发者的心血结晶，其价值也可以转化为收费资源在网络上公开，这种通过收费获取的教学资源更能体现出其重要价值和利用程度。将知识进行资本的转化体现了对于知识分子劳动的认可，是社会进步的体现，同时也体现了知识分子的重要社会地位。将这种收费资源进行利益分配模式的转变也是为了更好地运行虚拟仿真实验教学模式，对于投入时间、精力比较多的开发者要进行合理的利益分配，"多劳者多得"一直是受到人们推崇的，建立合理公正的责任分担和利益分配制度就是为了更好地促进虚拟仿真实验教学资源的开发。

（3）利益补偿机制。在进行虚拟仿真实验教学资源的合理分配和利益划分时，要注意对重要的工作者进行利益补偿。因为其投入的精力和时间比较多，所以要对其所做出的努力和贡献进行肯定和赞扬。建立虚拟仿真实验教学资源的开放共享的过程中会出现投入和收获不成正比的现象，投资大、回报少的主要原因是其开放共享的过程有些是免费面向公众的，因而要建立完善的利益补偿机制，这也是对开放共享机制的有益补充，可以促使人们积极投入这项公益性的事业当中来。

（4）奖惩机制。每年由虚拟仿真实验工作委员会组织专家对各高校虚拟仿真实验教学资源建设和开放共享情况进行审核评估，对优质资源开发者进行奖励。要定期对为虚拟仿真实验教学开放共享机制建设作出重大贡献的个人或单位进行表彰，要有物质和精神层面的奖励。将受到大众欢迎的虚拟仿真实验教学的软件设计者和开发者作为重点表扬对象，其在该领域作出了重大的贡献就需要给予奖励。奖惩机制的重点在于奖励，对开放共享机制运行效果不良的单位提出问题上的解决思路，以鼓励为主，提出有效的整改建议，使其得到提高。

6.3.3.4 交流协作机制

（1）协作开发与管理运营。开发虚拟仿真实验教学开放共享平台需要高校、科研单位、企业多方参与，发挥各自的优势，围绕实验教学的主题和高校教学资源进行开发设计，从而保证信息管理系统性的平台的质量和数量。高校和科研院校更了解其设计的主旨和建设思路，企业更了解市场和实践应用方式，因而要进行强强合作，不断完善课程资源、管理方式、运营服务等方面，这样有利于设计出既强调教学效果又具有市场经济价值的开放共享平台。

（2）学分互认。高校通过学分制教学来评判最终教学成果，学生取得一定的学分之后准许其毕业。以实验教学为主要教学方式的虚拟仿真实验教学也要进行学分制的转化，以完成资源的合理转变，实现资源优势互补。高校内的实验教学大纲设计要求学生具有很强的自主选择权，可以选择不同种类的虚拟仿真实验教学资源，在各个大学之间也可以进行相互选择，这就更加拓宽了在校学生的学习范围。各个高校之间的学分要进行互认，这也是为了更好地为学生的学习提供优质的教育资源而进行的必要改革。

（3）交流学习与培训。

各高校应针对各自的实际情况进行有效的虚拟仿真实验教学培训，深入开展各个高校之间、高校和企业之间、高校和行业之间的交流合作，互相学习，借鉴优质的虚拟仿真实验教学所取得的实验效果，将虚拟仿真实验课程的教学模式、教学计划、教学方法、教学内容等转化为符合实际情况的高校内部的教学参考依据，进行学校内部的虚拟仿真实验教学改革，为其提供一个更加完善的虚拟仿真实验教学开放共享机制。

第 7 章 高校智慧实验室管理模式实践创新

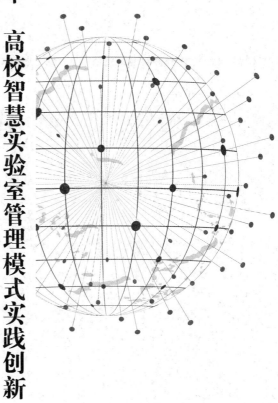

7.1 高校实验室协同管理模式创新

7.1.1 高校实验室协同创新管理

从本质上看，协同创新属于管理创新，通过创新机制并使其有效运行，即可推进管理模式上的创新，使协同创新主体之间实现资源整合与协调互补，实现资源对外共享，提高协同管理的创新水平，使资源获得更加充分的利用。高校建立的实验室通常肩负着多种职能，如科学研究、实验教学、人才培养以及对外开放服务社会等，其中最根本的目标是为社会培养出更多创新型的高端科技人才。

高校实验室具有众多可分配的优质资源，结合各个协同创新主体共享的创新技术和各种资源，即可推动实验室全面提高创新管理的水平。协同创新管理在很多方面影响着高校的发展，主要表现在以下几个方面：优化高校教育体制；提高高校实验室的科研水平；培养出质量更高的创新型实验人才；全面提升创新主体的管理能力和创新能力；推动科研进程，加快新产品以及新技术的产生和应用。高校实验室是高校进行协同创新活动的重要基础，也是协同创新过程中必备的因素，充分、高效地利用实验资源，能够为实验室的协同创新管理提供重要的推动力量。

7.1.1.1 高校实验室的内部协同机制

高校实验室集多种职能于一身，是一类综合性的平台，只有凝聚其中各个领域科研人员的智慧，才能规划出科学的内部协同机制，这个过程需要该领域的专业科研人员（D）、完成实验的技术人员（A）、高校的实验教师（C）以及跨学科参与的科研人员（B）、本科生、研究生共同参与，积极配合。在不同学科专业科研团队的协同创新和交叉合作下，共同攻克研究课题。如今，各种先进的科学技术不断研发，任何一项研究都无法单凭某一项技术完成，越来越多的科研探索实验需要多个相关领域和不同学科的专业人员互相配合、协同创新才能完成，这种协同创新的实验方式也是目前高校开展科研实验的最佳组织形式。

7.1.1.2 高校实验室的外部协同机制

高校实验室在高等教育中具有重要的作用，其与科学研究院、兄弟院校、国际研究机构、国家政府以及生产企业等都有着一定的合作关系。

（1）高校实验室与政府协同。高校建设和维护实验室的资金主要依靠政府的财政投入。在建设实验室的项目中，财务费用主要包括建设实验室的经费、科研经费以及开放和运行实验室消耗的经费等。其中，实验室的建设所需的经费由政府财政拨款全面负责；实验室开放和运行所消耗的经费大多数由政府财政拨款负责，其余部分由高校自行筹集补全；在实验室中进行科研的经费需要高校以科研项目的形式向政府发出资助申请，其研究成果将投放到社会生产中，产生经济效益。在新的发展形势下，为大力发展科技创新，建设科技强国，中央财政为国家重点实验室的各项科研项目提供了强有力的经费支持，此外还加大了实验室面向社会的开放程度，对大型实验设备、精密仪器的更新更加及时，对自主创新研发的项目给予了更大的支持，为高校实验室与政府、研究机构、社会、企业的协同创新打造了良好的环境基础和完善的制度保障。为鼓励技术创新，我国政府不仅制定了相关的法律制度，还作为资助方，鼓励科研机构、高校、企业之间共享各种优质资源，建立良性合作，加强与国际的交流和合作，研制创新技术成果，申请相关专利，将各种科研成果应用到国家建设和社会生产之中，创造国富民强、经济繁荣的美好景象。

（2）高校实验室与企业的合作。在国家政策支持和相关法律的保障下，高校实验室与非营利组织、科技企业、社会科研机构等建立良好的合作关系，构建产、学、研协同一体的科研体系，形成具有雄厚科研力量的科研共同体，提高科技创新的能力和水平。

（3）高校实验室与其他高校的实验室和科研院所协同。为了不同的高校实验室组建联合研究基地，政府应鼓励各大高校、国家重点实验室、科研院所等单位之间建立长期的协同合作，形成资源共享、优势互补的科研共同体，共同完成科研项目，以促进技术的交流、创新和发展，提高科研水平。此外，建立科研共同体还能够避免重复投资，减少科研经费项目中不必要的开支。兄弟院校在多次的合作中将产生更加深厚的友谊，利用科研信息的共享平台，将国内外高校、重点实验室、科研院所的链接集于一体，促进国内各大高校更深层次地发展协同科研与联合教学。

7.1.1.3 高校实验室的内外协同机制

"协同"的释义为各方互相协调、配合，共同完成某件事或任务。协同可以将客观事物从无序的状态转变为有序状态，达成 $1+1 \geq 2$ 的效果。高校实验室建立有效的内外协同机制，有助于其与兄弟院校、政府科研机构、相关企业、非营利性组织等之间共享优质资源，促进联合合作及相关科学技术的深入研发，使其在研究速度和成果上超越原本单一实验室预期的研究效果。然而，建立高校实验室的内外协同机制，首先其内部需要做到井然有序，各部门按部就班，只有这样才能够实现高校实验室的协同创新。当实验室内外皆具备较完善的协调环境时，其内部机制就能够与外部机制相互协同，高校实验室将被更加充分地利用起来，其在教学和科研方面所具备的功能也将被最大限度发挥出来，来自各合作方的资源也将获得合理的整合和更加充分的利用，最终获得超越预期的科研成果。内外协同机制的建立有助于高校实验室管理协同创新。

在政府的鞭策下，各大高校开始科学管理实验室，提升实验室的创新管理水平：一方面，在科技快速进步、国际技术竞争日益激烈的今天，实验室将充分发挥作用，实现资源的最优化配置，为社会带来更大的产出效益；另一方面，高校实验室将充分发挥其作为高校教研基地的根本职能，借助与兄弟院校、校外政府相关机构或社会企业、组织等的有机结合，不仅能够为高校教学提供更多的实践机会，将课堂教学中的理论知识和各种创新构想延伸到实践中，转化为科研成果，培养更多的科技人才，还能够借助校外的科研力量，满足高校实验室对高级、全职科研人员的迫切需要，为科研实验充能，取得更多先进的科研成果，实现产、学、研协同发展，实现多方共赢的发展目标。目前，跨学科甚至跨领域协同科研已成为新时代的主流科研方式，尤其是国内重点实验室与国际优质科研机构的沟通与合作，不仅能使我国高校实验室的科研与教育的管理水平大大提高，还能为我国高校实验室的发展提供强大的动力。而我国高校可以从国际科研机构以及一流实验室的管理模式中寻求并借鉴适合我国高校发展的协同创新管理经验，引进先进的科研成果，使我国高校实验室实现可持续发展。

高校实验室内部的各个部门各司其职、互相协调，各界有真才实学、知识涵养的科研人员与具有深厚知识理论基础的优秀青年英才积极参与，以及社会各界的科研组织和力量相互支持和相互配合，为高校实验室提升协同管理水平提供了强大的动力，促使高校实验室在协同创新管理方面取得更大的成效。在内部和外部双重影响因素的协同作用下，高校实验室将更快实现可持续发展。

7.1.2　高校实验室协同创新管理的动力模式

对于高校实验室来讲，动力机制能推进高等教育的进一步改革，还能强化各个创新主体之间的沟通和合作关系，为其实现协同创新管理提供重要前提。协同创新管理机制是各大高校实验室之间，实验室内部各个职能部门、科研人员之间长期团结协作的必然产物，更是国内外各界科研力量互相协调、共同合作的必要纽带。协同创新管理机制是一个动态的作用过程，具有非线性的发展趋势。在这个过程中，高校实验室内部和外部各个方面的影响因素互相协调影响，为高校实验室提供源源不断的科研力量，使各个协同创新主体在各自不同的利益目标中寻求共同点，并在这一共同目标的指引下，形成协同创新管理的动力模式，创造多方共赢的良好局面。

7.1.2.1　协同创新理念引领协同创新管理机制

协同创新的管理理念有助于高校明确管理实验室的方式和方向，引领高校实验室建立协同创新的管理模式，实现各大高校实验室与社会各界的资源共享，充分发挥高校实验室的教育和科研功能，为深化教育改革提供新的思路，指引新的方向。目前，我国国内大多数高校实验室仅供教师进行简单的教学实验，只有极少数的实验室具有完善的功能配置，并在社会各界科研人员的带领和参与下进行科学研究。协同创新这一理念要求高校实验室做到协同、共享、集成、开放，从多个维度打破了实验室的传统管理模式，建立多视角的开放性合作模式，协调科研人员、实验室技术人员以及学生群体，使其通力合作，协调国家政府与社会各界的科研力量，全面提高高校实验室的管理水平，实现协同创新管理。在协同创新管理制度下，高校实验室面向社会开放，为政府、企业及非营利性组织提供科研场所和专业的实验环境，这将扩大实验室的作用范围，提高实验室的利用效率，提高高校的科研水平，进而推动教育深化改革。如今，各大高校在国际的竞争日趋激烈，协同创新的管理模式不仅能为高校实验室带来更好的发展前景，还能提高其在国际的竞争力，成为高校实验室的发展之本。

7.1.2.2　协同创新战略引导协同创新管理机制

长期以来，高校主要依靠政府的资金和政策支持维持实验室的运行，由社会与企业的需要引导着实验室的发展方向，然而政府、高校以及社会企业三个创新主体之间的发展方向和利益目标明显不同，导致高校实验室难以制定出长期的发展策略，产生协同效益。因此，寻求使各个创新主体获得最大共同效益，实现"全赢最佳非零和博弈"是高校实验室执行协同创新管理策略的最终目的。坚决执行协同创新的管理战略，有利于建立协同创新的管理理念，使实验室长期保持健康、安全、稳定和科学的发展状态，整合各个创新主体的科研资源，使实验室资源能得到更加充分的利用，进而实现协同创新的战略发展目标。高校实验室实行协同创新管理，可以使高校师生的实验教学实践和各创新主体进行的科研实践活动相互协调和配合，形成有序的系统结构，共同进步，合作共赢，创造出丰硕的科研成果。

作为高校建设实验室的最大投资方，政府希望其能够创造出更多先进的科研成果，进而有更大的产出，回馈国家与社会，同时利用科技使人类享受到更便捷、舒适的生活。生产企业与高校实验室的有机结合，一方面为高校师生的科研教学提供了实践机会，使学生在实验教学中获得较高的科研创新能力，提高社会适应能力，成为时代发展需要的科技创新型人才；另一方面，高校师生创造的科研成果能够使企业在收获更大的经济效益的同时提高自身在市场经济中的竞争力，实现双方共赢。为实现"十四五"时期高等教育的改革目标，高校实验室实行协同创新的管理制度，为国家培养具有深厚文化素养的创新性科研储备力量，为我国建设科技强国储备后备力量。而各个创新主体的共同参与、积极配合以及协调互助，促进了资源的共享，使资源得到更加充分的利用，从而创造更多的科研实践机会，提高高校的人才培养水平，体现出协同创新管理的效应。协同创新管理战略要求各创新主体协同配合、理念相同、目标统一且明确，谋求共同发展，这样才能使协同创新的管理机制保持动态更新状态，不断调整以适应各阶段创新主体的发展节奏，整合优化各创新主体的资源，使之得到最大化利用，创造先进的科研成果，产生更大的效益，进而收获显著的协同效应，促进社会的发展与人类的进步。

7.1.2.3 协同创新信任和激励机制

信任与激励机制的确立，为高校实验室协同管理各创新主体奠定了基础。在彼此信任的基础上，各创新主体协同配合，共同创造新的价值，同时也产生了一种约束他们的行为准则。这种行为准则逐渐发展为制度标准的形态，对各个创新主体的行为起到了协调、团结、监督、约束的作用，进一步加强了各个主体之间的长期合作关系，使实验室充分发挥其本身的职能作用，创造更大的产出价值。高校实验室本身的职能是为高校师生提供实验教学的环境和场所，进而辅助高校培养创新人才。在信任与激励机制的作用下，高校师生与校外科研力量之间能够快速、顺利地建立良好的合作基础，二者互相协调配合，利用自身的优势填补对方的空缺，凝聚各主体的资源和力量，形成共同的合作愿景，在创造更好的研发成果的同时，培养出大量的实践人才，信任机制在这一过程中逐渐成熟、完善。这一机制使高校实验室的协同创新管理顺利开展并取得显著成效。

7.1.3　建立高校实验室协同创新管理的新机制

高校实验室中各创新主体的组成结构、利益目标、资源条件、制度标准、实践水平等都有一定的差异。各创新主体在高校实验室协同管理的约束与督促下，互相协调制约、互相作用，为高校实验室建立起了完善有效的协同管理支撑体系。该体系为高校实验室进行协同管理打下了良好的基础。各创新主体充分发挥自身的优势，充分利用实验室，进而优化了科研与教学的结构配比，建立了更加全面的创新、实践、科研、教育的体系，为国家发展与社会进步培养了更多精英人才。

7.1.3.1　有效的组织管理机制

高校实验室不仅是我国重要的科研人才培养基地，还是我国社会科研结构中重要的组成部分，对国家的发展和社会的进步都有着重要的影响。很多国家对重点实验室的建立和发展都非常重视。我国目前也正处于转型的阶段，即从培养理论扎实型人才向培养具有强大的实践能力和创新能力的综合性人才过渡，进一步深化教育改革。国内目前的高等教育在专业的设置上有细致的划分，以满足跨专业科研项目的需要，培养跨学科的全面型人才。高校实验室制定协同创新管理制度，可以协调高校内部与外部的各个创新主体对实验室的使用，促使高校内外资源共享，达成科研项目上的交流与合作，这就需要高校具备良好的组织管理机制。良好的组织管理机制可以及时发现我国高校实验室运行过程中的不足及不当的地方，加以修正，促进高校内外创新主体之间的合作，打造产、学、研一体化的实验教学模式，协助高校实验室顺利执行协同创新管理工作，进而辅助高校实验室培养具有高等综合素质的现代新型科技人才。

7.1.3.2　有效的人才培养机制

作为国家重要的人才培养基地，高校实验室应冲破传统管理模式形成的机制壁垒，践行协同创新的管理模式，精减不必要的制度、机制等，扩增实验教育与科研生产方面的服务项目，以人才培养为目标，发展多主体、多部门以及多机构，为高校实验室的协同创新管理提供充足的动力，营造校内外各创新主体协调互助、互相信任、互相激励、共同进步的良好的科研教学氛围，搭建职责明确、工作高效有序的现代化组织机制，监督和促进协同创新管理机制的运行。人才培养是国内高校实验室的主要任务，各界科研力量为此提供了强有力的支持，在这样的管理模式下，高校内外共用建设科研实验平台，合作完成各种科研项目，实现了资源和先进科研成果的共享，达成了思想和行动上的共识，形成了校内外各创新主体的多赢局面。在高校内外创新主体的长期合作中，高校能了解和吸收外界先进的科研技术成果和先进的理论知识，为高校师生争取多个社会科研项目的实践机会，再加上社会机构和组织驻扎高校实验室的全职优秀科研人才的辅导，高校学生的科研与实践能力获得极大提升，理论知识掌握得更加全面扎实，逐渐成为跨学科、跨专业领域的全面发展型科研人才。

7.1.4　高校实验室协同创新管理的开放运行模式

对于高校实验室来说，协同创新的管理机制能够帮助高校更好地适应当下社会的发展速度，有助于高校借助政府与社会的力量，提升自身的科研教学能力，提升自身的综合竞争力，培养更多先进的科研人才。然而，目前国内大多数高校仅依靠政府的投资建设和维护实验室，面向社会的开放程度仍然较小，国家及社会创造的很多先进的科技理论和科研成果对高校实验室仅起到非常微弱的表层作用，高校实验室对社会的开放程度及协同管理水平还有待进一步提高。

7.1.4.1 建立责任鲜明的内部分工机制

要想在高校实验室的管理中提升协同创新管理的水平。首先，实验室各部门应对自身的职能、责任有充分、细致的了解，以保障实验室的实验教学、科学研究以及后续投入生产的整体流程有序进行。其次，实验室各部门的岗位需要满足相关条件的先进人才通过竞争获得。

7.1.4.2 积极扩大开放共享的范围

高校实验室的建设和维护离不开政府的财政支持，尤其近年来，随着科技的发展速度日渐加快，很多重要的大型科研仪器需要大量的资金维护和更新。为了充分利用这类重要的、先进的大型科研设备，高校实验室可以适当对社会上满足相关科研资质的机构或组织开放，为其提供专业的科研平台，以减少资源的浪费。高校实验室可以对校内师生、其他高校、政府科研机构、社会企业，甚至国外实验室等开放，进而获取先进科研成果的第一手资料，提升自身科研教学水平。

7.1.4.3 形成有效合作与良性竞争相结合的竞争激励机制

随着各大高校实验室对外开放的程度不断加大，高校的科研教学实力将不断提升，将加快先进科研成果的研发速度，进而使市场竞争更加激烈。而高校实验室可以通过建立有效的激励机制和约束机制，形成各大高校之间良性竞争与协调合作相结合的发展趋势，从整体上提高高校的人才培养能力。

7.1.5 高校实验室协同创新管理的保障模式

高校实验室的主要任务是教学实验，为国家与社会输出创新型科技人才。而支撑高校实验室执行这一任务的是政府的政策扶持与资金支持，以及高校实验室自身的努力发展。建立协同创新管理模式可以强化高校与社会的合作，使高校实验室获得更加丰富的资源，获得更充足的保障。

7.1.5.1 协同创新制度设计机制

在形成和执行协同创新管理的过程中，高校实验室需要明确参与其中的各个创新主体的职责和利益分配，建立有效的约束机制，在发挥高校实验室优势的基础上，尽可能提高对社会开放的程度，争取更多的科研项目实践机会。从宏观层面上看，协同创新管理机制有助于将各个创新主体的资源和科研优势集结在一个强大、宽广的实践平台之上，在恰当的搭配和协作下，各个创新主体充分发挥自身的力量，创造 $1+1 \geq 2$ 的科研成果，实现协同创新管理的目的。然而在现实中，高校实验室对外开放的程度有限，与校外其他单位及组织具有严重的利益竞争关系，各利益主体都存在着资源私有意识，无法做到公平公正的资源共享和利益划分，并且各利益主体追求的目标也有一定差异，加大了协同创新管理的实践难度。这不仅是高校实验室实践设计需要面对的问题，也是思想及制度的问题，要实现协同创新管理，高校实验室就必须认可协同创新的理念，并将其传递、灌输到各个创新主体的发展理念中，使各个创新主体认可并实践，再找到资源共享和利益划分的最优方式，实现高校实验室的协同创新管理。

7.1.5.2 协同创新的资源投入机制

只有在政府财政的强力支持下，高校实验室才能够顺利地建设和运转。作为主要的资金供给方，政府深刻地意识到了高校建设实验室对人才培养和科研实践的重要性。因此，政府可以根据高校实验室的实际情况设立绩效考评机制，以此了解高校的科研教学水平和人才培养水平。政府可以推行相关的政策促使社会各界与高校实验室进行合作，使原本仅具备单一教学功能的高校实验室同时具有科研和教学两大功能，从而提升高校的科研教学能力，为社会培养更优秀的人才。高校实验室的发展反映了国家对科研教学的重视程度，高校的科研教学水平高低决定了国家的资金投入水平，建设经费的不足对高校协同创新发展产生了一定的影响和制约。因此，高校应积极拓宽筹资渠道，吸引政府和社会的投资，为高校实验室的协同创新发展提供强有力的支撑。

7.2 基于云技术的智慧实验室创新设计

7.2.1 基于云计算模式的智慧云实验室管理模式

7.2.1.1 虚拟化桌面技术的引入

虚拟桌面即虚拟改造后的软件操作界面，其可以以图像的形式通过网络传输到前端，被用户使用。虚拟桌面与传统系统、软件的桌面之间的不同之处是，虚拟桌面运行在后端的数据中心，而传统系统和软件的桌面通常在本地运行。在 VMware View 技术的支持下，文件服务器、管理服务器与终端通过网络技术连接，形成智慧云终端实验室。在虚拟化桌面技术的作用下，使用人员的操作界面可以全部呈现在服务器上，利用服务器整合并优化资源，再将优化的资源分配到相应的用户桌面上。运用这种方式，用户将获得独立计算机的使用体验。而由于服务器集中了各种软件，其管理效率获得了大幅度的提升，只要在服务系统中创造了恰当的软件环境，用户就能通过虚拟桌面使用该软件，这种方式提高了系统运行的稳定性和安全性。将多系统镜像安装在智慧实验室的服务器上，就能够在不同的操作系统中根据实际的课程需要安装对应的软件，在很大程度上改善了实验室的服务质量。

7.2.1.2 智能终端管理单元的引入

在物联网技术、无线传输技术及以太网技术的硬件终端管理设备的基础上，智能终端管理单元得以联合开发设计出来。VMware View 架构与智能终端管理单元平台的结合，突破了实验室的传统运行模式，并有以下三种优势。一是实现集约化建设，利用校园网将实验室智能终端设备互通起来，对智能设备利用智能管理软件平台实现统一管理，这样可以大大减少实验室管理维护成本；二是实验室人员能够通过相关的程序或软件远程操控实验室的设备，保证实验教学的质量；三是有助于提高课堂效率。

7.2.1.3 虚拟化云盘的引入

学生通常习惯使用 U 盘进行资料的传输，U 盘中可能携带的各种病毒对实验室计算机的系统和科研资料具有一定的威胁。另外，由于 U 盘在使用的过程中经常被学生丢失在实验室中，学生经常为 U 盘中的数据丢失感到头疼。而虚拟云盘的使用能够很好地解决这一问题，学生可以建立属于自己的账号，随时随地在网络上登录虚拟云盘，异地退出登录，可以保证资料不会泄漏，为学生和实验室的管理都提供了方便，还能有效保障实验室系统的安全运行。

7.2.2 智慧云实验室模式价值分析

7.2.2.1 实用性对比分析

在实用性方面，智慧云实验室相比传统实验室的优势明显，具体如表 7-1 所示。

表7-1　两种实验室实用性对比

传统 PC 实验室	虚拟桌面机房
（1）系统文件数量的不断增加以及硬件的老化导致其性能在使用过程中逐渐变差。 （2）计算机平台升级可能导致现有应用程序无法正常运行。 （3）计算机设备具有多种品牌和型号，且都需要定期维护。 （4）IT 人员只能在现场完成操作系统的修补和迁移工作	（1）性能不会因使用时间、使用次数、设备老化等原因下降。 （2）硬件的更换不会影响应用程序和操作系统的使用，操作系统的更换和升级都不会影响应用程序的正常使用。 （3）通过统一映像管理技术来完多样化的计算机设备管理。 （4）应用集中式操作系统后，系统的修复与迁移工作更易完成

复杂的计算环境管理	复杂的计算环境管理
（1）管理和更新不能集中化进行。 （2）很难快速响应来自用户端的变化请求。 （3）手工方式导致整个学校的计算机系统千差万别。 （4）费时费力，系统及硬件更新变成一个大型的系统工程。 （5）在系统升级过程中，用户被迫中断工作，等待系统完成升级迁移工作	（1）通过虚拟平台系统技术来实现物理机与虚拟机的集中化管理。 （2）能够快速在学校中作出修改，而不需要关心用户所在的位置和网络。 （3）操作系统升级，迁移变得可控、易实施。 （4）系统升级，迁移过程中，对用户影响较少，不会影响师生的工作效率

7.2.2.2 实验室开放性对比分析

传统实验室的缺点：首先，传统实验室一般只进行正常的教学任务，参与人员都必须进入其中才能完成科研实验，参与人员可能是专业的技术人员、科研人员、具有一定经验的教师以及经验尚浅甚至没有经验的学生，缺少实践经验往往会表现出对实验仪器、设备的使用不当，导致设备的损耗；其次，实验室设备的故障维修会影响科研进程，影响实验室的开放；最后，开放实验室会造成大量的人员进出，加大实验室的管理难度。

智慧云实验室的优点：首先，在学校制度允许的情况下，学生在实验室外就可以通过校园网技术远程访问和操作云桌面；其次，智慧云实验室使用的硬件服务器不仅功能强大，还具有较高的稳定性，不易发生故障，即便发生故障也能够快速恢复使用。如今，很多终端设备在使用时不再搭配传统的主机，而是与显示器、鼠标、键盘等外部设备搭配使用。通常情况下，设备不会发生运行上的故障，实验室设备的运行会比较稳定。

7.2.2.3 实验室能耗比较分析

（1）台式计算机能耗分析。目前，台式计算机的运行功率在 350 瓦左右，一个计算机机房按照 50 台台式计算机进行配置建设，根据实验计划每个实验室每天至少运行 5 小时，除去寒暑假全年运行 270 天左右，这样一个计算机机房全年的电能消耗为：$350 \times 50 \times 5 \times 270 = 23625$（千瓦）。

（2）云桌面实验室能耗分析。目前，云桌面实验室的每台云终端运行功率在 40 瓦左右，一个云桌面机房按照 50 台云终端进行配置建设，根据实验计划每个实验室每天至少运行 5 小时，50 台云桌面机房需要 2 台服务器进行虚拟云计算，每台服务器以 800 瓦功率全天运行，除去寒暑假全年运行 270 天左右，这样一个云桌面机房全年的电能消耗为：$40 \times 50 \times 5 \times 270+270 \times 24 \times 2 \times 800=13068$（千瓦）。

7.3　高校实验室智慧平台建设

7.3.1　构建智慧实验室平台管理的需求

7.3.1.1 设备管理需求

正确使用 RFID 射频识别技术，从整体上可实现实验室资源的共享和信息化处理；而在细节方面，可以对人员信息和基本设备信息进行简单的增减和修改等操作，还可以逐一读写设备标签，并形成图形化的统计结果，以便相关人员进行数据的查询和分析。从这些层面上 RFID 射频识别技术可以解决平台上计算机实验设备数量过多、差异化过大、损耗过大和缺乏统一管理的问题。

7.3.1.2 环境监控需求

采用 ZigBee 自组网的方式联合安装智能水浸探测器以及智能温湿度探测器，可以实现在无人值守时的安全报警，并且能够对实验室的温度、湿度、PM2.5 和地板水浸进行实时监测，监测范围达 70 米。

7.3.1.3 安全防护需求

在传统实验室中，设备、门窗、灯光等都需要人工逐一设置开关。随着科技的发展，智能家居走进了人们的生活。ZigBee 智能家居系统能够实现使用者对智能门锁、灯具、门窗等一系列智能家居用品的远程操控，即使使用人员不在实验室，也能够通过网络对实验室中的设备进行操作，其中远程密码开关技术、指纹识别技术以及人体红外探测器等的运用，能有效阻止外界的非法入侵，加大了实验室的安全防护力度。

7.3.1.4 实训课程管理需求

管理实验室实训课程是一项庞大且艰巨的工作，传统教学中只能通过纸质课表查询实验室课程运行情况。将现代信息技术应用到实验室门禁管理系统，学生在实验室门禁利用校园一卡通就能实现签到与认证，同时将实验室管理系统与高校的教务系统信息进行对接，学生的出勤信息将被及时呈现在教务系统中，且信息透明，学生的授课教师和家长都能够及时了解学生的考勤状态，方便教师管理学生，省时、省力地解决了实验室实训课程的管理问题。

7.3.1.5 设备充分利用需求

实验室内的多个智能设备的互联和集中管理，不仅能够满足日常对各个设备的智能操控和使用，并且在学生和教师的工作之余还可以作为一个新类型的体验和实训平台，一方面提高设备的使用率，另一方面可以让师生在实训过程中完成对智能设备的测试，使智能设备发挥最大的使用效率。

7.3.1.6 信息发布需求

实验室信息发布系统像是学校对外展示的一幅可视可变化的学校风貌图册。对内，智慧校园信息发布系统可以在宣传教学中，将大量的课件信息、教学信息、课程信息、教学管理等相关内容在学校内部完成传递；对外，可以整理与学校教育相关的政策、新闻、学校介绍、招生等信息，面向不同的受众进行相关信息的发布，并且可以在服务器端进行统一的管理，通过可视化的新颖的信息传递方式，从侧面体现学校的硬件实力。在校园的公共区，这种新颖的展示方式不仅能够以更高的效率传递信息，还能够及时为师生与家长提供更加优质、全面的服务，服务内容主要包括传递多方面、多角度的信息；满足分权、分级统一管理的需求；加大高校信息化、数字化建设的程度。

7.3.2　实验室智慧管理平台设计理念

实验室智慧管理平台主要由高校的教师、管理员以及学生使用，系统管理员通常由教师担任。因此，只有教师和学生才是本平台实际的使用者。本系统有前端和后端两种业务模式。前端主要负责与用户见面交互，后端负责数据处理和分析业务逻辑。服务端在可视化的界面上进行操作，其中包括用户管理、考勤管理、数据管理、消息发布以及习题管理五个模块。教师拥有操作系统的权限，可以根据自己教授班级的实际情况设定具体的需求，维护系统中的基本信息，预约使用实验室，安排学生进行实验教学，还能够通过该系统预约实验室的使用时间以及安排为学生授课的时间和地点。教师还能通过该系统获取学生的考勤信息，由系统判断学生是否迟到、早退、请假及缺勤，并形成统计记录传回教师端。通过习题管理模块，教师可根据授课需要，向学生发布作业或实验任务，由学生自主完成。这些功能对系统的硬件配置和实验室的网络都有着较高的要求。客户端本着使用友好的原则，为师生提供便捷的远程操作服务。

7.3.3 系统部署方案设计

物联网创新实验室为该系统提供了良好的硬件基础，云平台软件的智慧中心为其提供了核心服务，围绕着智慧校园文化的系统建设，可以从以下四个方面实现对实验室的科学管理。

第一个方面，利用实验室智慧管理平台实现对实验仪器的智能化管理。

第二个方面，利用实验室环境控制模块对实验室基本环境设备进行智能控制，如通过智能传感器控制实验室的电源、窗帘、空调、灯光、通风系统、多媒体设备等。

第三个方面，智能安防设备中的监测系统可以实时监测实验室中的温度、湿度、危险气体、毒害气体等，能够及时发现烟雾并找出起火点，及时报警；还可以管理实验室门窗的门禁系统，利用 RFID 技术、指纹技术和密码开关技术可以远程遥控实验室的门窗开锁和关闭，出现异常的入侵情况可以及时向管理员发出警报并同时报警。

第四个方面，智慧校园班牌系统可实现对实验室教学的安排，学生、教师、班级、学校的日常相关信息发布。

7.3.4 高校实验室管理 App 平台的开发

要进行高校实验室管理的移动 App 应用程序的研发，首先要对实验室管理流程进行详细的需求分析，结合数字化高校建设的指导思路和人员的使用需求，可以设置以下模块：用户登录模块、考勤管理模块、设备与仪器运行管理模块、课程管理模块、预约服务模块、实验室基础管理模块，如图 7-1 所示。

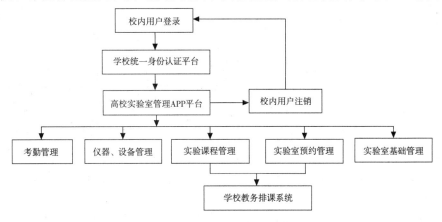

图 7-1 实验室管理功能模块图

用户登录模块：实验室管理系统与学校门户网站实现用户认证数据共享，通过智慧校园一卡通身份认证就可以利用工号或学号进行快速登录。

考勤管理模块：实验课前和下课后，学生可以登录实验室管理平台进行考勤签到。

设备与仪器运行管理模块：高校将自身的资产管理系统与之对接，将实验室设备及仪器的基本参数信息，从学校资产管理系统中导入实验室管理平台，在实验室管理系统对设备的运行状态、维护状态、实时运行数据进行集约化科学管理。此模块还可以为后期陆续增加其他功能和处理数据做准备。该模块可用于教学实验、非教学科研活动、社会有偿使用等活动项目。

实验室课程管理功能模块：由于高校内部二级学院对实验室的使用权限相同，且各自都有一定的实验课程需求，这些课程无法通过学校教务系统进行排课。因此，为了实验室排课不与学校教务系统的排课发生冲突，实验室智慧管理系统会通过接口连接学校教务管理系统，将正常教学课程表信息数据导入实验室课程管理平台，这样就能解决实验课程地点时间安排冲突的问题，并将新的安排通知传输到教务系统中，确保师生及时收到新的课程安排，顺利进行实验教学。另外，App 平台应做到信息及时、透明，以确保所有实验室的安排信息和空闲时段信息能及时传递给需要的人，合理利用实验室资源。

实验室预约服务功能模块：先将学校教务管理系统中正常实验课程时间地点安排信息导入实验室管理系统，实验室管理系统通过全校课程表得到空闲实验室的信息，再通过实验室预约服务管理模块将空闲实验室提供给师生进行预约申请，由实验室管理人员审核通过后，就可以在预约时间内到预约地点进行实验任务。

实验室基础管理模块：该模块汇总了用户管理模块、实验室软件、课程信息等相关的数据信息，为实验室的运营提供有力的数据支持服务；另外，还具有安排和提醒消毒、打扫实验室的服务功能。

7.3.5　高校实验室管理 App 各个模块工作流程

7.3.5.1　实验室考勤管理模块

高校实验室管理 App 平台与高校内统一身份认证管理平台相连接，本校学生和教师通过输入自己的学号、工号及相应的密码就可以登录。平台针对学生设置了选课及签到、签退功能，让学生通过该平台就可以选择自己想上的课、授课教师及上课时间。为了避免出现学生代替他人签到、签退等现象，平台使用可以持续更新的二维码进行签到，从而确保出勤数据真实、有效。高校教师可以通过该平台选择教课的班级，增加或减少某些学生信息，以及查看相关课程学生的到课情况并进行出勤统计。实验室的工作人员也可以通过该平台进行上下班打卡，统计每天的工作时长。

7.3.5.2 仪器与设备运营管理

实验室的员工、高校教师可以通过该软件完成对实验室里的相关设备和仪器的检查与管理。该软件设有自己的数据库，里面包含实验室相关仪器、设备等的信息，实验员和教师可以将实验室中的软硬件信息与数据库中的信息进行比对，以此观察实验室仪器设备的使用状况，以及是否需要维修等情况，同时排查出有问题的仪器设备，将故障信息提交至设备管理平台，并提示设备有维修需求。

7.3.5.3 实验室课程管理

实验室课程管理是一项复杂而艰巨的工作，要根据高校有限的实验设备，在满足相关实验课对实验设备的要求的同时，满足不同教师和班级的课程安排。该软件在分配实验室时，首先，要查看高校教务部门的实验课程表；其次，根据现有实验室的软硬件设施进行合理分配；最后，将排好的实验课课表发布在软件的相应版块上。

7.3.5.4 实验室预约管理

该软件为用户提供了查询、预约功能，每个用户都可以在登录之后查看实验室的软硬件安装情况、使用现状、课程安排等，还可以查看实验室的闲置时间并进行预约；平台相关管理员针对用户的预约申请进行审核，并给予用户申请通过与否的反馈，如图 7-2 所示，用户登录该软件，身份认证通过后，学生或普通教师可以查看实验室排课情况，并申请预约实验室，具有系统权限的管理员收到相关预约申请并进行批复，审核通过的直接将结果发给申请人；审核不通过的也会给出具体的修改意见，申请人经过相关修改后可以再次申请预约。为避免出现不同用户同时预约同一间实验室的情况，平台管理员会根据用户预约申请的顺序进行审核。值得注意的是，该预约功能仅限于上班时间开放，用户若不经预约或审核没有通过是不能使用实验室的。

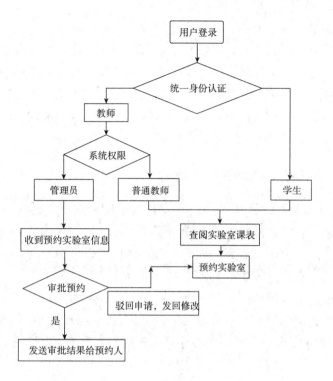

图 7-2　预约申请流程图

7.3.5.5 实验室基础管理

用户信息的建立与维护、课程信息管理、实验室卫生管理等都属于实验室基础管理的范畴。高校教师可以通过该软件完成对授课班级、上课学生及相关课程信息的管理，还可以检查并记录实验室的卫生情况，并将之反馈给实验室工作人员。管理实验室的人员通过教师登记的卫生情况表，结合实验室的排课情况，安排保洁打扫相关实验室的卫生。

7.4　高校实验室智慧管理评价的 GCPA 模式

7.4.1　GCPA 模式的评价机制建立方法

主成分分析法是现有绩效综合评价方法中一种较为重要的多元统计方法。该方法在市场上被广泛使用。但是，这种方法具有一定的不足之处。在实验室管理评价研究中，数据表不同，则主超平面也不同，因此在利用主成分分析法对每年的数据表进行分析时，系统分析结果是否统一、是否具有整体性以及是否具有可比性，都无法保证。为解决上述问题，利用主成分分析法分析立体数据表时，要搭建一个统一的简化空间，在这个空间内对数据表进行投影，并近似表示投影结果。从全局的角度来说，这种方法能够取得最佳的综合效果，该方法即为 GCPA，依据此方法可建立起相应的 GCPA 模型。[①]

7.4.2 评价指标体系的设计原则

高校教学实验室的管理十分复杂而且管理模式具有多样性，因此构建高校教学实验室管理评估指标体系显得特别重要。首先，评估指标必须符合高校教学实验室特点，科学反映管理内涵，合理体现建设目标。其次，要遵循简明可操作性原则。在设计评价指标体系时，应以简单明了为基本原则，选取的指标概括性要强，而且能够反映较全面、可靠程度较高的信息。最后，要遵循动态可比性原则。由于系统可能存在动态变化，因此在设计评价指标体系时，要在具备可比性的基础上，选取能够综合反映实验室管理动态发展状况的指标，以便对相关指标进行跟踪分析与比较研究。

7.4.3 评价指标体系的基本框架

参照评价指标体系的设计原则，结合已有研究成果，同时在数据资料可得性较高的原则基础上，本文构建了高校教学实验室管理评价指标体系。该体系包括 5 大方面的内容，即实验制度管理、文档与票据管理、仪器设备管理和低值易耗品使用管理及环境与安全管理，具体内容如表 7-2 所示。

表7-2 高校教学实验室管理评价指标体系的基本框架

准则层	指标层
实验制度管理	安全检查制度
	学生实验守则
	实验档案管理制度
	基本信息收集整理制度
	管理人员对于所定制度的知悉度

---

① 乔峰，姚俭．时序全局主成分分析在经济发展动态描述中的应用 [J]．数理统计与管理，2003，22(2):1-5.

准则层	指标层
文档与票据管理	文档类别索引
	文档按时间序列排列的吻合度
	文档保管的安全性和齐整性
	票据类别索引

7.4.4　GCPA 模式具体评价过程

在上述评价指标体系的基础上，结合指标中时序立体数据，采取 GCPA 评价方法，定量描述高校教学实验室管理水平的动态演进，同时结合数据质量检验、模型参数检验等工作结果，完成高校教学实验室管理水平的评价工作。评价过程为：收集高校各实验室管理的时序立体信息，将此类信息进行全局到主成分的转化，这样数据就转化到统一的全局主平面上，再将得到的变化结果进行再变化、排列和组合，最后将动态发展特性展示出来；对得到的结果再进行计量分析，经过运算得出主要的全局主成分，最终分析得出高校教学实验室的时序运行轨迹，并对动态运行数据进行统计分析。为了使评估过程的统计更便捷，制定出一套符合学校实际的评估标准，利用 A、B、C、D 四个等级对实验室运行情况进行评估。将 GCPA 评估模式应用到实验室管理的评估上，用设置的等级量化值即 A、B、C、D 来进行评估，以便连续评价或对比分析一定时期内高校教学实验室管理的现状。

7.4.5　GCPA 模式在高校实验室管理评价中的作用

完成指标体系建立工作后，运用 GCPA 评估体系评估高校的实验室管理能力，此类评估方式科学性较强，而且具备一定的前瞻性。评价结果能够为考察高校内部各个实验室不同年份管理水平的动态变化情况提供一定的理论依据，从而促进整改措施的优化，完善教学实验室建设与管理，提升实验教学水平和质量。

要想知道某个具体的教学实验室的管理水平，可以运用 GCPA 模型对某一学年实验室管理进行评价。GCPA 模型还可以对不同实验室的管理水平进行横向对比评价，这样实验室管理部门和学校教学质量评估部门就能通过 GCPA 模型，实现对全校实验室管理水平的对比与分析，学校就能从顶层对全校实验室管理水平进行动态管理和布局。采用这种评价模式既能够在一定程度上保障评价工作的科学性和可靠性，还有利于教学实验室管理的科学化、规范化。在利用 GCPA 模型进行实验室评价工作时，要充分考虑实验室管理的各种因素并量化，这是该模型成功应用的关键。另外，由于高校教学实验室管理评价指标体系的复杂性，管理者必须在制定和实施过程中不断完善和优化评价指标体系，以保障体系的实用性。实施过程中，如果发现某些指标存在不足或者无法体现目标追求，可以重新选取指标或重新对该指标进行优化。

参考文献

专著类

[1] 罗金玲."互联网+"时代智慧校园建设探索[M].长春：吉林大学出版社，2018.

[2] 杨红云，雷体南.智慧教育：物联网之教育应用[M].武汉：华中科技大学出版社，2016.

[3] 徐洋.高校实验室协同创新管理机制的研究与实践[M].北京：地质出版社，2018.

[4] 刘纪红，潘学俊，梅栎，等.物联网技术及应用[M].北京：国防工业出版社，2011.

[5] 许景期，许书烟.高校实验室管理与安全[M].厦门：厦门大学出版社，2016.

[6] 赵健，肖云，王瑞.物联网概述[M].北京：清华大学出版社，2013.

[7] 钱雪忠，王月海.数据库原理及应用：第4版[M].北京：北京邮电大学出版社，2015.

[8] 刘斌，丁璇，庞晖，等.J2ME手机开发入门[M].北京：人民邮电出版社，2006.

[9] 聚慕课教育研发中心.Java Web从入门到项目实践[M].北京：清华大学出版社，2019.

[10] 杨旭升，方坤.武汉大学本科实验教学典型案例研究[M].武汉：武汉大学出版社，2018.

[11] 王美.数字化实验室建设[M].天津：天津科技翻译出版有限公司，2015.

[12] 刘晓洪，翁代云，张艳.教育大数据视域下的智慧校园建设与应用研究[M].北京：冶金工业出版社，2019.

论文类

[1] 赵明华.人脸检测和识别技术的研究[D].成都：四川大学，2006.

[2] 徐俊.人脸与指纹综合识别系统[D].苏州：苏州大学，2006.

[3] 陈晶晶.高校实验室安全管理评价体系的研究[D].上海：华东理工大学，2013.

[4] 于忠清.基于图像处理的嵌入式条码识别系统及应用研究[D].青岛：中国海洋大学，2007.

[5] 刘怡晨.虚拟实验平台运营模式的设计与实现[D].武汉：华中科技大学，2012.

[6] 甘树坤.指纹与人脸识别相关图像处理算法研究[D].大连：大连理工大学，2006.

[7] 张其帆.基于人脸识别的课堂考勤系统的设计与实现[D].重庆：重庆师范大学，2019.

[8] 杨东兴.基于Android手机课堂考勤管理系统的设计与实现[D].长沙：湖南大学，2018.

[9] 李玮.智慧课堂管理系统中人脸识别考勤技术的研究与实现[D].武汉：华中师范大学，2017.

[10] 黄瑞钰.智慧校园建设方案与实现[D].广州：华南理工大学，2014.

[11] 葛楠楠.基于J2EE的实验室信息管理系统的设计与实现[D].沈阳：东北大学，2015.

[12] 王辉.图像灰度化与曲线降阶的几何优化方法研究[D].杭州：杭州电子科技大学，2013.

[13] 罗子朦.基于空间转换网络的人脸对齐[D].北京：北京邮电大学，2019.

[14] 钱一琛.基于生成对抗的人脸正面化生成[D].北京：北京邮电大学，2019.

[15] 张其帆.基于人脸识别的课堂考勤系统的设计与实现[D].重庆：重庆师范大学，2019.

[16] 钟仙.实验室管理信息系统的设计与实现[D].成都：电子科技大学，2018.

[17] 陈亚运.基于物联网的智能实验室气体环境监测系统设计[D].郑州：郑州大学，2017.

[18] 李龙.高校实验室设备管理嵌入式终端设计与开发[D].大连：辽宁师范大学，2015.

期刊类

[1] 周玉宇，饶星，李琰，等.基于PPM的高校实验室建设项目管理优化[J].实验室研究与探索，2014(5)：255-258.

[2] 关晓琳．高校实验室项目化管理分析与实践 [J]．中国管理信息化，2017(12): 214-215.

[3] 胡海峰．物联网环境下实验室设备管理模式的研究 [J]．电子制作，2012(11): 203.

[4] 牛韵雅．高校实验室仪器设备管理模式研究 [J]．河南科技，2013(17): 233.

[5] 朱津津．大型仪器设备管理模式的改革与实践 [J]．现代信息科技，2020(5): 191-193.

[6] 李辉，张标．基于大数据思维的实验教学耗材管理系统的设计与实现 [J]．高等农业教育，2019(1): 53-58.

[7] 高晓星．物联网在高校实验室低值易耗品管理中的应用 [J]．无线互联科技，2013(9): 20.

[8] 李水泉，赵志强，李杰．基于网络平台的实验教学管理模式的研究与开发 [J]．洛阳师范学院学报，2014(2): 125-127.

[9] 代启耀，孙胜赛．基于人脸识别技术的实验室智能考勤系统 [J]．河南科技，2019(25): 11-13.

[10] 廖红梅．实验室智能考勤与管理系统设计 [J]．软件，2015(8): 84-87.

[11] 景永霞，苟和平，陈莉莉．高校实验室信息化建设策略探析 [J]．兰州教育学院学报，2019(11): 116-117, 127.

[12] 王立辉，陈雷．基于移动互联网的高校实验室信息管理系统的设计 [J]．宁波教育学院学报，2016(6): 66-69.

[13] 马丽，姜玥，谈文蓉．实验室资源信息可视化管理系统的设计 [J]．西南民族大学学报（自然科学版），2004(5): 680-682.

[14] 童保军．智能实验室管理系统的自动化数据采集优化方向 [J]．自动化应用，2019(2): 155-156.

[15] 孙彦超，王兴芬．基于大数据的高校决策分析系统的构建 [J]．计算机光盘软件与应用，2014(15): 108-110.

[16] 苏武．基于 Excel 的高校实验室信息统计数据处理方法实践分析 [J]．电脑知识与技术，2020(5): 213-214.

[17] 朱睿，刘艳霖，王国胜，等．实验室安全准入平台建设与实践 [J]．中国现代教育装备，2019(5): 29-32.

[18] 关旸，王林燕，陈亮，等.实验室危险因素评估及安全准入管理探索[J].实验技术与管理，2017(5)：263-265.

[19] 王国田，千春录，郭志波，等.高校实验室安全检查联动机制的构建与实现[J].实验技术与管理，2020(8)：270-275.

[20] 张英，郝林琳，杨丽."互联网+"环境下高校实验室安全管理模式研究[J].科技创新导报，2019(18)：172，174.

[21] 张惠芹，周骥平，何朝龙，等.基于物联网的实验室危险化学品管理系统设计[J].实验室研究与探索，2020(1)：271-274.

[22] 王文镳.实验室危险化学品管理的智能化解决方案[J].电脑知识与技术，2019(22)：14-15.

[23] 李楠.基于人脸识别技术的高校智慧实验室门禁系统[J].福建质量管理.2018(7)：269-270.

[24] 杨雪苹，金剑，程景，等.高校实验室开放管理模式探索[J].实验室科学，2020(6)：186-189.

[25] 熊伟，黄玉钗.高校实验室"自助共享"式智慧管理[J].实验技术与管理，2020(10)：259-262.

[26] 朱小琴，吴伊萍.高校实验室管理App平台的分析与构建[J].河北软件职业技术学院学报，2020(1)：12-16，24.

[27] 宋轶鸿.高校大型仪器设备共享平台建设问题探讨[J].技术与市场，2020(1)：149，151.

[28] 刘伟.浅析智慧云实验室在高校实验中的应用[J].电子制作，2020(1)：85-86.

[29] 徐维远.基于智能移动终端开发的高校实验室管理系统设计[J].电脑知识与技术，2019(25)：231-232，236.

[30] 马春燕，许芳，吴通华，等.智能终端在疾病预防控制中心实验室信息化与智能化管理中的应用[J].疾病预防控制通报，2019(3)：93-95.

[31] 邢娟，秦丹，战丽波.基于WiFi的智能实验室环境监测和监控系统设计[J].实验室研究与探索，2019(3)：265-268，272.

[32] 史蓓蕾，张秀山，陈修亮.物联网技术在实验室安全管理中的应用[J].实验室研究与探索，2019(3)：273-276.

[33] 罗剑文.引入物联网概念的实验室仪器开放管理模型[J].实验室研究与探索，2016(10)：275-280.

[34] 张鹏，邱晓刚，孟荣清，等.仿真资源共享机制与一体化的仿真资源服务 [J]. 系统仿真技术，2013, 9(1): 1-8.

[35] 王卫国.虚拟仿真实验教学中心建设思考与建议 [J].实验室研究与探索，2013, 32(12): 5-8.

[36] 胡今鸿，李鸿飞，黄涛.高校虚拟仿真实验教学资源开放共享机制探究 [J].实验室研究与探索，2015(2): 140-144, 201.

[37] 赵萍萍，丁刚.GCPA 模型在高校实验室管理评价领域的应用 [J].实验室研究与探索，2010(10): 160-162, 190.

[38] 谢为群，施利毅.高校科研管理工作中目标管理体系建设初探：以上海大学试行全系统目标管理为例 [J].研究与发展管理，2014.26（5）: 129-133.

[39] 高杭.大学章程的法律效力及其发挥 [J].国家教育行政学院报，2014（12）: 31-34.

[40] 刘敢新.基于高校科技资源共享的青少年科技创新能力培养途径研究 [J].研究与发展管理，2014, 26（2）: 133-138.

[41] 林贤进.实验室建设项目管理系统设计与研究 [J].赤峰学院学报，2012, 11(3): 22-23.

[42] 田传军.仪器设备经费与采购管理系统的设计与实现 [J].实验室研究与探索，2010(11): 351-354.

[43] 朱根华，杨明，等.高校实验室项目化管理研究与实践 [J].科技管理研究，2011, 31(3): 110-112.

[44] 李锋.大数据在高校实验室管理中的作用 [J].科学大众（科学教育），2017(8): 178.

[45] 李辉，张雪彬，刘为民，等.基于 MOOC 环境下研究生助教工作质量监控系统设计与实现 [J].高等农业教育，2016(3): 110-112.

[46] 肖俊生.高校仪器设备动态化管理系统的开发与实现 [J].实验室研究与探索，2015, 34(6): 277-279.

[47] 傅伟，高海侠，涂刚.基于 J2ME 的手机掼蛋网络游戏的研究 [J].计算机应用与软件，2012, 29(3): 168-170.

[48] 黄皑青，彭文玉，魏忠，等.实验室实时数据智能管理系统创建及可视化 [J].实验室研究与探索，2014(8): 127-133.

[49] 焦阳，王聘，李守宏.基于 ZigBee 物联网的智能计算机实验室管理系统 [J]. 电大理工，2016(3): 25-27.

[50] 高雪，房少军，钟华华，等.基于无源 UHF RFID 实验室设备管理系统的天线布局设计 [J].大连海事大学学报，2017(4): 112-116.

[51] 郝静鹏.云平台下实验室数据库资源负载优化控制仿真 [J].计算机仿真，2017(7): 391-394, 421.

[52] 魏志军，杨云峰.智能综合实验室管理系统设计 [J].现代电子技术，2018(24): 90-93, 97.

[53] 喻晗，刘威.实验室管理系统的设计与实现 [J].电子设计工程，2017(1): 1-5.

[54] 陈双平，许兴友，徐国想，等.化学实验室危险有害因素分析与对策 [J].化工时刊，2008, 22(12): 75-77.

[55] 杜奕，陈定江，杨睿，等.化学实验室准入制度的建立与实施 [J].实验技术与管理，2015, 32(10): 221-223, 231.

[56] 吴莹.高校实验室安全准入制度的信息化建设探索与研究 [J].科技经济导刊，2016(7): 132.

[57] 张健.高校实验室安全准入制度的探索与实践 [J].科技信息，2013, 28(13): 133-134.

[58] 王世强，光翠娥，赵建新，等.高校实验室安全培训和考试系统开发和应用模式研究 [J].实验室科学，2012, 15(1): 198-201.

[59] 华起.高校内部治理碎片化困境及其突破：整体性视角 [J].科教导刊（中旬刊），2018(17): 24-26.

[60] 吴海涛.突发事件区域应急联动机制的内涵与构建条件 [J].管理学刊，2011(1): 91-93.

[61] 刘洪.构建学生宿舍安全管理联动机制的探索：以安徽信息工程学院为例 [J].科教导刊，2017(10): 170-171.

[62] 徐昂，成科扬.基于关系型数据库的 SQL 检索优化研究 [J].电子设计工程，2019(11): 51-55.

[63] 蒋溢，丁优，熊安萍.基于 EAI 消息平台的异构系统数据同步 [J].计算机工程，2011(21): 52-54.

[64] 张奇峰."互联网 +"背景下高校实验室技防体系建设 [J].实验室研究与探索，2019, 38(9): 125-127.

[65] 赵阳.高校生命科学实验室安全管理探索与思考[J].实验室科学，2016,19(6): 233-235.

[66] 张海峰，徐贺，闫荣富.高校实验室安全系统治理的研究与实践[J].实验技术与管理，2018,35(7): 1245.

[67] 韩玉德.新时期高校化学实验室安全管理探析[J].实验室研究与探索，2018, 37(5): 1-3.

[68] 李有增，周全，钊剑.关于高校智慧校园建设的若干思考[J].中国电化教育，2018(1): 112-116.

[69] 朱洪波，杨龙祥，朱琦.物联网技术进展与应用[J].南京邮电大学学报（自然科学版），2011,31(1): 1-9.

[70] 杜伟略，潘健.物联网综合实训平台设计[J].实验技术与管理，2013,30(9): 63-67.

[71] 徐小林.高校物联网实验室建设与管理[J].湖北师范学院学报，2016,36(4): 18-21.

[72] 冀松，南晓青.应用型本科院校物联网实验室建设研究 以中国地质大学长城学院为例[J].电脑知识与技术，2016,12(11): 110-111.

[73] 许淑祎，王玉峰，刘尧猛.高校物联网实验室建设思路与实施方案初探[J].科技信息，2014(15): 143, 160.

[74] 黄峥，古鹏.物联网实验室建设研究与探讨[J].实验技术与管理，2012,29(2): 191-195.

[75] 林莉，陈丽丽.高校物联网实验室建设规划[J].长春理工大学学报，2012, 7(4): 23-24, 58.

[76] 周晓，朱仁烽，李杰.实验室设备用电集中控制系统设计[J].实验室研究与探索，2014(10): 308-311.

[77] 廖庆敏.高校实验室安全管理之思考[J].实验室研究与探索，2010(1): 168-170.

[78] 王明仕，王明娅，宋党育.高校实验室内环境质量分析探讨[J].实验技术与管理，2013(11): 219-220, 224.

[79] 刘永利.物理实验室安全用电技术及管理[J].廊坊师范学院学报（自然科学版），2010, 10(3): 126-127, 131.

[80] 张志强.日本高校实验室安全与环境保护考察及启示[J].实验技术与管理，2010(7): 164-167.

[81] 杨晓华，张华峰，吴小健，等.加强医学研究生实验室安全教育的实践与思考 [J].中华医学教育探索杂志，2017(8): 763-767.

[82] 陈光勇，燕宏娟.分析高速公路机电设备故障成因及预防控制措施[J].城市建设理论研究（电子版），2012(22): 15.

[83] 王和，刘光斌，程俊仁，等.卫星导航接收机抗干扰测试评估方法研究[J].无线电工程，2014(3): 5-7, 31.

[84] 庾贵贤.人力资源网络数据库的 ASP 和 SQL 技术的设计探讨[J]软件，2014(3): 136-137.

[85] 彭晓波，唐璐，张红涛，等.基于 Android 平台的实验室智能管理系统[J].继续医学教育，2017, 31(10): 68-69.

[86] 胡伟，郭龙，李启贵，等.基于传感网的高校实验室智能管理的设计[J].物联网技术，2017, 7(4): 117-120.

[87] 杨远新，崔忠伟，刘卓，等.基于 Java Web 的高校实验室智能管理系统的设计与实现[J].电脑知识与技术，2017, 13(31): 74-75.

[88] 邹亮，赖众耀，庞钰驹，等.基于移动智能终端的道路交通参数人工调查系统设计[J].实验室研究与探索，2017, 36(4): 49-51.

[89] 苏东伟，梁志坚，贺秋丽，等.基于微信平台的高校开放实验室预约系统的设计与实现[J].信息通信，2018(1): 160-161.

[90] 胡发泉，郭鹏，刘琳，等.煤炭行业高校实验室开放模式的实践与探索[J].技术与创新管理，2017, 38(3): 340-344.

[91] 张烨，武风波.基于高校实验室开放平台创客空间建设研究[J].无线互联科技，2017, 1(14): 120-121.

[92] 王洁，彭岩，杜宇鸽，等.基于混合模型的复杂信息系统节点重要度评估[J].济南大学学报（自然科学版），2015, 29(5): 377-381.

[93] 王世彤，邢晓江，李伟华.泛在网络业务体系架构、标准化及关键技术问题[J].通信技术与标准，2010(1): 44-48.

[94] 姚锡凡，练肇通，杨屹，等.智慧制造：面向未来互联网的人机物协同制造新模式[J].计算机集成制造系统，2014, 20(6): 1490-1498.

[95] 宋世佳，秦淑芳，陈文昊.基于 RFID 的物联思想在高校实验设备管理中的融合应用[J].电子世界，2020(19): 18-19.

[96] 杨秋萍，杨波，李疆.RFID 技术在实验设备管理中的应用研究 [J]. 中国现代教育装备，2020(17)：36-38.

[97] 牟峰 .RFID 技术在高校实验室设备资产信息化管理系统中的应用研究 [J]. 当代教育实践与教学研究，2020(08)：27-28.

[98] 范书成.基于 RFID 的实验室设备自助借还云平台设计 [J]. 信息与电脑（理论版），2019, 31(23)：57-58, 61.

[99] 李伟，南江，罗廷芳 .RFID 技术在高校实验室设备管理中的应用 [J]. 无线互联科技，2019, 16(12)：129-131.

[100] 黄振江 . 基于 UHFRFID 技术的高校实验室设备的管理方案 [J]. 经济研究导刊，2019(12)：192-193.

[101] 刘磊 . 浅析 RFID 技术在实验室设备管理中的应用 [J]. 企业科技与发展，2018(12)：129-130.

[102] 邓永强 . 基于智慧校园的实验室构建与研究 [J]. 科技创新导报，2020(2)：197-198.

[103] 钟凤贵 . 新型智慧实验室建设探讨 [J]. 科技资讯，2016(14)：124-125.

[104] 王小雪，杨会成 . 融合指纹和人脸的生物特征身份认证方法 [J]. 重庆理工大学学报（自然科学），2013, 27(7)：67-70, 95.

[105] 罗榆凌，范涛，刘金辉，等 . 基于 RFID 技术的高校课堂考勤管理系统 [J]. 电子测试，2020(23)：66-68.

[106] 代美茹，王法胜 . 基于人脸图像的考勤系统设计 [J]. 电脑知识与技术，2020, 16(21)：5-7, 22.

[107] 巫春玲，冯志文，钟沈豪，等 . 基于人脸识别技术的高校课堂自动考勤管理系统 [J]. 智能建筑与智慧城市，2020(5)：20-24.

[108] 刘湘煜 . 课堂考勤系统移动端的设计与实现 [J]. 现代计算机，2019(15)：87-92.

[109] 姬翠萍 . 人脸识别技术在课堂考勤管理中的应用研究 [J]. 网络安全技术与应用，2019(5)：40-41.

[110] 郑银环 . 智慧课堂学生考勤管理研究与设计 [J]. 现代信息科技，2019, 3(9)：1-4, 7.

[111] 江奇峰 . 高校课堂指纹考勤信息管理系统设计与实现 [J]. 电脑知识与技术，2017, 13(23)：71-72, 86.

[112] 李珍香.基于物联网技术的学生课堂考勤管理系统[J].教育教学论坛，2017(16): 21-23.

[113] 王燕.RFID 考勤管理系统在课堂中的应用：以福州大学为例[J].高校后勤研究，2016(4): 115-117.

[114] 刘永.基于实验室智能化综合管理平台的实验室开放管理[J].甘肃科技，2020, 36(20): 8-11.

[115] 何浏，陈艳，高维银.信息化管理系统助力实验室安全检查[J].广州化工，2021(1): 13.

[116] 郭英姿，黄开胜，艾德生，等.实验室安全检查研究与系统开发[J].实验室研究与探索，2019, 38(10): 303-306.

[117] 孙杰，彭园珍，林燕语，等.实验室安全管理体系的建设与实践[J].实验技术与管理，2018, 35(7): 251-254, 258.

[118] 赵丽，钱乐旦，张笑钦.高校的实验室开放管理问题探究[J].福建电脑，2020, 36(3): 35-37.

[119] 张立业.高校实验室开放管理的探索与实践[J].农家参谋，2020, (23): 258.

[120] 宋晓华，周凡，蒙志强.实验室开放管理模式研究[J].实验教学与仪器，2018, (7/8): 144-145.

[121] 肖肖.高校实验室开放管理中的问题与对策[J].实验教学与仪器，2020, 37(6): 75-76.

[122] 原建帅，郭志贞，杨超，等.大型仪器设备共享平台建设实践[J].卷宗，2020, 10(23): 333.

[123] 王文君，刘淑云.大型仪器设备共享平台的建设与管理[J].实验室研究与探索，2019, 38(6): 269-272.

[124] 关晓琳.高校实验室大型仪器设备开放共享管理平台建设的探索[J].现代国企研究，2017(12): 88.

[125] 刘宁，郭爽，徐召，等.国家重点实验室大型仪器设备平台建设与管理[J].实验技术与管理，2017, 34(4): 265-267.

[126] 周云，阴金香，张四纯，等.实验室大型仪器设备网络化共享服务平台的设计与实现[J].实验室研究与探索，2011(11): 252-255.

[127] 罗昊，张晓东.虚拟仿真实验教学中心开放共享模式的探索[J].实验技术与管理，2016, 33(10): 232-236.

[128] 韩晓敏，李建颖，王文忠.虚拟仿真实验教学项目的建设与应用 [J].实验室科学，2020，23(3)：186-188.

[129] 狄海廷，李耀翔，辛颖.虚拟仿真实验室资源共享模式 [J].实验室研究与探索，2015(12)：148-151.

[130] 王楠.实验室教学管理中计算机技术的应用 [J].产业与科技论坛，2020，19(14)：249-250.